essentials

Essentials liefern aktuelles Wissen in konzentrierter Form. Die Essenz dessen, worauf es als „State-of-the-Art" in der gegenwärtigen Fachdiskussion oder in der Praxis ankommt. *Essentials* informieren schnell, unkompliziert und verständlich

- als Einführung in ein aktuelles Thema aus Ihrem Fachgebiet
- als Einstieg in ein für Sie noch unbekanntes Themenfeld
- als Einblick, um zum Thema mitreden zu können

Die Bücher in elektronischer und gedruckter Form bringen das Fachwissen von Springerautor*innen kompakt zur Darstellung. Sie sind besonders für die Nutzung als eBook auf Tablet-PCs, eBook-Readern und Smartphones geeignet. *Essentials* sind Wissensbausteine aus den Wirtschafts-, Sozial- und Geisteswissenschaften, aus Technik und Naturwissenschaften sowie aus Medizin, Psychologie und Gesundheitsberufen. Von renommierten Autor*innen aller Springer-Verlagsmarken.

Stephen Schuster · Juliane Richter

KI-generierte Menschen in der Markenkommunikation

Zwischen Innovation, Akzeptanz und Verantwortung

Stephen Schuster
Hochschule der Medien
Stuttgart, Deutschland

Juliane Richter
Hochschule der Medien
Stuttgart, Deutschland

ISSN 2197-6708 ISSN 2197-6716 (electronic)
essentials
ISBN 978-3-658-49713-2 ISBN 978-3-658-49714-9 (eBook)
https://doi.org/10.1007/978-3-658-49714-9

Die Deutsche Nationalbibliothek verzeichnet diese Publikation in der Deutschen Nationalbibliografie; detaillierte bibliografische Daten sind im Internet über https://portal.dnb.de abrufbar.

© Der/die Herausgeber bzw. der/die Autor(en), exklusiv lizenziert an Springer Fachmedien Wiesbaden GmbH, ein Teil von Springer Nature 2025

Das Werk einschließlich aller seiner Teile ist urheberrechtlich geschützt. Jede Verwertung, die nicht ausdrücklich vom Urheberrechtsgesetz zugelassen ist, bedarf der vorherigen Zustimmung des Verlags. Das gilt insbesondere für Vervielfältigungen, Bearbeitungen, Übersetzungen, Mikroverfilmungen und die Einspeicherung und Verarbeitung in elektronischen Systemen.
Die Wiedergabe von allgemein beschreibenden Bezeichnungen, Marken, Unternehmensnamen etc. in diesem Werk bedeutet nicht, dass diese frei durch jede Person benutzt werden dürfen. Die Berechtigung zur Benutzung unterliegt, auch ohne gesonderten Hinweis hierzu, den Regeln des Markenrechts. Die Rechte des/der jeweiligen Zeicheninhaber*in sind zu beachten.
Der Verlag, die Autor*innen und die Herausgeber*innen gehen davon aus, dass die Angaben und Informationen in diesem Werk zum Zeitpunkt der Veröffentlichung vollständig und korrekt sind. Weder der Verlag noch die Autor*innen oder die Herausgeber*innen übernehmen, ausdrücklich oder implizit, Gewähr für den Inhalt des Werkes, etwaige Fehler oder Äußerungen. Der Verlag bleibt im Hinblick auf geografische Zuordnungen und Gebietsbezeichnungen in veröffentlichten Karten und Institutionsadressen neutral.

Planung/Lektorat: Imke Sander
Springer Gabler ist ein Imprint der eingetragenen Gesellschaft Springer Fachmedien Wiesbaden GmbH und ist ein Teil von Springer Nature.
Die Anschrift der Gesellschaft ist: Abraham-Lincoln-Str. 46, 65189 Wiesbaden, Germany

Wenn Sie dieses Produkt entsorgen, geben Sie das Papier bitte zum Recycling.

Was Sie in diesem *essential* finden können

- **Grundlagen und Forschungsergebnisse zum Einsatz von KI-generierten Menschen in der Markenkommunikation:** Das Essential vermittelt ein fundiertes Verständnis darüber, wie Konsumenten verschiedene Darstellungsformen von KI-generierten Menschen wahrnehmen und bewerten.
- **Praxisnahe Handlungsempfehlungen:** Anhand empirischer Befunde zeigt das Essential, wie Marken durch konsistente und glaubwürdige Inszenierung von KI-generierten Menschen sowie durch offene Kommunikation über deren Einsatz Akzeptanz fördern und Transparenz als Vertrauensfaktor nutzen können.
- **Beispiele und Fallanalysen aus der Markenpraxis:** Erfolgreiche und kritische Einsätze von KI-generierten Menschen werden analysiert, um daraus übertragbare Erkenntnisse für verschiedene Branchen abzuleiten.
- **Diskussion ethischer Herausforderungen:** Thematisiert werden Verantwortung, Inklusion und gesellschaftliche Sensibilität im Umgang mit KI, ergänzt durch Leitlinien für eine glaubwürdige und zukunftsfähige Markenkommunikation.
- **Orientierung in einem dynamischen Kommunikationsumfeld:** Das Essential verbindet Forschung und Anwendung, um Unternehmen eine fundierte Entscheidungsgrundlage für den Einsatz von KI in der Markenkommunikation zu bieten.

Vorwort

Die Idee zu diesem Buch entstand im Rahmen eines fakultätsübergreifenden Forschungsprojekts an der Hochschule der Medien Stuttgart. Angestoßen durch aktuelle Entwicklungen im Bereich der generativen KI und ihre zunehmende Bedeutung für die Markenkommunikation, wollten wir untersuchen, wie künstlich erzeugte Menschen von Konsumenten wahrgenommen werden und welche Chancen, Herausforderungen und Fragen sich daraus für Marken ergeben.

Die Beteiligung von Studierenden aus verschiedenen Fakultäten hat es ermöglicht, das Thema sowohl aus kommunikationsstrategischer als auch aus psychologischer Perspektive zu betrachten. Diese Verbindung aus Theorie und Anwendung, Analyse und Gestaltung, war entscheidend für die Tiefe und Praxisrelevanz der gewonnenen Erkenntnisse.

Ein besonderer Dank gilt Simon Umbreit, Geschäftsführer von WongDoody, der als Impulsgeber maßgeblich zur Themenfindung beigetragen hat. Ebenso danken wir dem Team von Appinio, das die Umsetzung der zum Teil sehr komplexen Datenerhebung möglich gemacht hat. Unser Dank gilt außerdem allen beteiligten Studierenden, die mit großem Engagement, Eigenverantwortung und Neugier zum Entstehen dieses Buches beigetragen haben.

Zur besseren Lesbarkeit verwenden wir im gesamten Text das generische Maskulinum. Selbstverständlich sind dabei alle Geschlechter gleichermaßen gemeint.

Stuttgart	Stephen Schuster
August 2025	Juliane Richter

Inhaltsverzeichnis

1 **Einleitung** 1

2 **Akzeptanz KI-generierter Menschen** 3
   2.1 Begriffliche und konzeptionelle Grundlagen 3
   2.2 Relevante Einflussfaktoren aus der Forschung 7
   2.3 Studiendesign und methodisches Vorgehen 9
   2.4 Ergebnisse der empirischen Untersuchung 11
   2.5 Handlungsempfehlungen für die Markenkommunikation 13
   Literatur 15

3 **Transparenz in der KI-gestützten Markenkommunikation** 19
   3.1 Die Relevanz der Kennzeichnung von KI-generierten Inhalten 19
   3.2 Aktuelle Erkenntnisse zur KI-Kennzeichnung in Wissenschaft und Praxis 21
   3.3 Eine branchenübergreifende Studie zur Transparenz KI-generierter Werbung 23
   3.4 Handlungsempfehlungen für den transparenten Umgang mit KI in der Werbung 27
   Literatur 29

4 **Emotionale Markenbindung in der KI-gestützten Markenkommunikation** 31
   4.1 Grundlagen emotionaler Markenbindung durch KI-generierte Inhalte 31
   4.2 Wirkmechanismen von KI-generierten Menschen in der Werbung 33

4.3 Studie zur emotionalen Wirkung von KI-generierten
Menschen in der Werbung................................. 36
4.4 Handlungsempfehlungen: Was Marken beim Einsatz
von KI-generierten Menschen beachten sollten................. 39
Literatur... 41

**5 Ethische Implikationen des Einsatzes KI-generierter
Menschen in der Werbung**................................... 43
5.1 Diversitätssensible Gestaltung von KI-generierten Menschen..... 43
5.2 Aktuelle Forschung und Best Practices im Umgang
mit KI-Diversität... 46
5.3 Studienergebnisse zu Repräsentation
durch KI-generierte Menschen............................. 47
5.4 Handlungsempfehlungen und zentrale Ergebnisse
zur Wahrnehmung KI-generierter Diversität.................. 52
Literatur... 55

6 Ausblick... 57

Was Sie aus diesem *essential* mitnehmen können................... 59

Über die Autoren

Prof. Dr. Stephen Schuster studierte Medienwirtschaft mit Schwerpunkt Marketing an der Hochschule der Medien in Stuttgart und San Francisco. In seinen fast 20 Jahren in der Konsumgüterindustrie arbeitete er in verschiedenen leitenden Positionen im Marketing. Seine langjährige Marken- und Kommunikationsarbeit wurde mehrfach ausgezeichnet, wie beispielsweise mit dem Best Brands Award, dem Effie Award oder dem German Brand Award. Durch seine berufsbegleitende Promotion zum Thema „Emotionale Markenbindung in sozialen Netzwerken" hält Stephen Schuster einen Doktortitel der Steinbeis Universität Berlin im Fachbereich Wirtschaftswissenschaften. Im Jahr 2021 folgte er dem Ruf an die Hochschule der Medien Stuttgart und bekleidet seitdem eine Professur für Marketing und Kommunikationsstrategie.

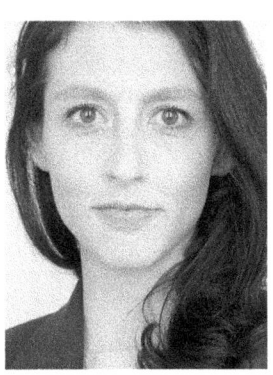

Prof. Dr. Juliane Richter studierte Human Factors und Wirtschaftsinformatik an der Technischen Universität Berlin und der Hochschule für Wirtschaft und Recht Berlin. Ihre Promotion im Bereich Medienpsychologie schloss sie an der Eberhard Karls Universität Tübingen ab. Juliane Richter war in verschiedenen wissenschaftlichen und industriellen Positionen tätig, unter anderem als IT-Spezialistin und User Experience Consultant bei IBM sowie als wissenschaftliche Mitarbeiterin und Postdoc am Leibniz-Institut für Wissensmedien. Seit 2023 ist sie Professorin für Medien- und Wirtschaftspsychologie mit dem Schwerpunkt Konsumenten- und Nutzerforschung an der Hochschule der Medien in Stuttgart. Für ihre wissenschaftliche Arbeit wurde sie mehrfach ausgezeichnet, unter anderem mit dem Jason Albrecht Outstanding Young Scientist Award.

Einleitung 1

Künstlich erzeugte Menschen sind längst keine Zukunftsvision mehr, sondern fester Bestandteil des modernen Marketings. Ob als digitale Models in Kampagnen internationaler Modemarken oder als virtuelle Markenbotschafter auf Social Media, die sogenannten AI-Humans eröffnen neue kreative und wirtschaftliche Möglichkeiten. Unternehmen wie Mango, Levi's oder H&M zeigen bereits heute, wie KI-gestützte Darstellungen reale Menschen ergänzen oder sogar ersetzen können. Mit diesen Möglichkeiten steigen gleichzeitig die Anforderungen an Glaubwürdigkeit, Authentizität und soziale Verantwortung.

Dieses Buch beleuchtet vier zentrale Aspekte, die für den erfolgreichen und reflektierten Einsatz von KI-generierten Menschen in der Markenkommunikation entscheidend sind.

- **Akzeptanz unterschiedlicher Darstellungsformen**
  Wie KI-generierte Menschen in der Markenkommunikation wahrgenommen werden, hängt von verschiedenen Faktoren ab. Untersucht wird, welche Darstellungsformen eher auf Zustimmung stoßen und welche Rolle Realitätsnähe und Gestaltung spielen.
- **Transparenz als Voraussetzung für Vertrauen**
  Betrachtet wird, wie Unternehmen offen mit dem Einsatz von KI-generierten Inhalten umgehen und welche Formen der Kennzeichnung dafür geeignet sind. Im Fokus stehen Erwartungen von Konsumentinnen und Konsumenten, gesetzliche Vorgaben sowie praktische Ansätze, um Glaubwürdigkeit und Vertrauen in der Markenkommunikation zu stärken.
- **Markenbindung im Kontext künstlicher Personen**
  Emotionale Markenbindung ist ein zentrales Ziel strategischer Markenführung, besonders in Märkten mit hoher Austauschbarkeit. In diesem

Zusammenhang wird untersucht, ob KI-generierte Personen emotionale Nähe, Vertrauen und Sympathie erzeugen können.

- **Ethische Leitlinien für eine verantwortungsvolle Markenkommunikation**
  Im Mittelpunkt steht die Frage, welche Verantwortung Unternehmen beim Einsatz KI-generierter Menschen übernehmen sollten. Es geht um transparente Kommunikation, gesellschaftliche Sensibilität und den Umgang mit Vielfalt und Inklusion. Dabei werden auch die Grenzen digitaler Repräsentation thematisiert.

Insgesamt zeigt sich: Der Einsatz von KI-generierten Menschen ist kein radikaler Bruch, sondern eine konsequente Weiterentwicklung der Markenkommunikation. Die Technologie eröffnet neue Potenziale, bringt aber auch erhöhte Anforderungen an Verantwortung und Glaubwürdigkeit mit sich. Marken, die diesen Wandel aktiv, transparent und sensibel gestalten, können nicht nur effizienter kommunizieren, sondern auch langfristig Vertrauen und emotionale Bindung stärken.

Dieses Buch möchte Orientierung bieten, Erkenntnisse aus Forschung und Praxis zusammenführen und Impulse für eine glaubwürdige, zukunftsgerichtete Kommunikation mit KI-generierten Menschen geben.

Akzeptanz KI-generierter Menschen

Die Ergebnisse dieses Kapitels entstanden in einem fakultätsübergreifenden Forschungsprojekt an der Hochschule der Medien Stuttgart unter Mitwirkung von Linus Adelmann, Melina Buchenroth, Katharina Großkopf, Mariyam Iskendirova, Julia Starnecker und Eva Zimmermann.

Zusammenfassung

Der Einsatz von KI-generierten Menschen in der Werbung steht im Spannungsfeld zwischen Zustimmung und Skepsis. Doch welche Darstellungsformen werden von den Konsumenten akzeptiert und wo stoßen sie auf Ablehnung? Das folgende Kapitel untersucht anhand einer experimentellen Studie, welche Typen von KI-generierten Menschen in der Werbung besser akzeptiert werden, welche weniger Zustimmung finden und welche Handlungsempfehlungen sich daraus für die Markenkommunikation ableiten lassen. ◄

2.1 Begriffliche und konzeptionelle Grundlagen

Die öffentliche Wahrnehmung von KI-generierten Menschen bewegt sich derzeit zwischen technischer Faszination und gesellschaftlicher Verunsicherung. Zunehmend stellen sich Konsumenten die Frage, ob die in der Markenkommunikation gezeigten Personen real oder künstlich erzeugt sind. Studien gehen davon aus, dass der Einsatz von KI-generierten Menschen künftig weiter an Relevanz gewinnen wird (Bain, 2025). Mit Blick auf die bevorstehende

Kennzeichnungspflicht für KI-generierte Inhalte wird ein grundlegendes Verständnis ihrer Wirkung zunehmend entscheidend. Denn nur wenn diese Innovationen von Konsumenten akzeptiert werden, können sie sich langfristig im Markt durchsetzen (Scheuer, 2020). Für Unternehmen ergibt sich daraus eine zentrale Frage: Wie werden unterschiedliche Formen KI-generierter Menschen in der Werbung wahrgenommen, und welche Konsequenzen hat dies für die Gestaltung der eigenen Markenkommunikation?

Um Konsumentenreaktionen auf KI-generierte Menschen, sogenannte AI Humans, besser einschätzen zu können, ist es zunächst notwendig, zentrale Begriffe zu klären. Der Begriff *AI Humans* bezeichnet computergenerierte, menschenähnliche Avatare oder Figuren, die entweder auf realen Personen basieren oder vollständig neue Identitäten darstellen. Eine verbindliche Definition oder einheitliche Klassifikation dieser Darstellungsformen liegt bislang nicht vor (Gröppel-Klein & Franke, 2023). Zur konzeptionellen Einordnung bieten sich die Begriffe Hyperrealität und Hyporealität an, wie sie vom französischen Soziologen Jean Baudrillard geprägt wurden (vgl. Kilian, 2024, 2025).

Hyperreal vs. Hyporeal

Hyperrealität bezeichnet digitale Darstellungen, die so echt wirken, dass sie die reale Welt übertreffen. Ihre visuelle Qualität ist so überzeugend, dass die Grenze zwischen Realität und Künstlichkeit kaum noch wahrnehmbar ist. Typische Beispiele sind Deepfakes oder digitale Zwillinge (Digital Twins). Dabei handelt es sich um virtuelle Nachbildungen realer Personen, die auf Grundlage physischer Vorbilder in digitalen Umgebungen erzeugt werden. Im Gegensatz dazu steht die Hyporealität. Sie beschreibt KI-generierte Personen, die eine abgeschwächte, weniger glaubhafte Version der Wirklichkeit vermitteln. In diese Kategorie fallen beispielsweise fiktive Avatare, die ganz bewusst künstlich erscheinen (Merrin, 2021).

Beide Konzepte markieren die Pole eines Spektrums, das von klar erkennbar künstlich bis hin zu täuschend echt reicht. Dabei unterscheiden sie sich nicht nur im Erscheinungsbild, sondern auch in ihrer Wirkung auf das Publikum. Die Akzeptanz solcher KI-basierten Darstellungen hängt sowohl von technischen und gestalterischen Faktoren als auch von psychologischen, sozialen und ethischen Rahmenbedingungen ab. Sie können beeinflussen, wie wir diese Inhalte wahrnehmen, wie glaubwürdig wir sie einschätzen und ob wir sie überhaupt als wünschenswert empfinden (Shrivastava, 2025).

2.1 Begriffliche und konzeptionelle Grundlagen

Verwendung in der Praxis

Vor diesem Hintergrund stellt sich die Frage, in welchen Kontexten KI-generierte Menschen heute Anwendung finden. Bereits seit mehreren Jahren nutzt die Gaming-Branche fiktionale Avatare zur Darstellung menschenähnlicher Charaktere. Auch die Lifestyle- und Influencer-Industrie hat diesen Trend aufgegriffen. Ein bekanntes Beispiel ist die digitale Influencerin Lil Miquela (Lil Miquela [@lilmiquela], n. d.). Mittlerweile erschließt auch die Werbung neue Einsatzmöglichkeiten für KI-generierte Avatare. So setzte Renault bereits 2018 in der Kampagne für den Renault Kadjar die virtuelle Botschafterin Liv ein. „Der TV-Spot vereint reale und virtuelle Welt geschickt: Am Steuer des neuen Kadjar sitzt statt des üblichen Testfahrers die attraktive Liv, ein Avatar (…)" (Renault Deutschland Pressestelle, 2018). Laut Liv selbst wurde sie entwickelt, um echte menschliche Emotionen erlebbar zu machen (Publicis Conseil, 2019). Auch die Modebranche experimentiert zunehmend mit KI-generierten Menschen. Marken wie H&M, Levi Strauss & Co. und Mango zählen hier zu den Vorreitern. Levi Strauss & Co. setzte bereits 2023 vollständig KI-generierte, nicht-existente Models in Werbekampagnen ein. Im Jahr 2024 folgte Mango mit der Sommerkollektion „Sunset Dream", ebenfalls mit KI-generierten Models. H&M wiederum nutzte 2025 digitale Zwillinge realer Personen, die mit Zustimmung und vertraglicher Absicherung ihrer Rechte digital nachgebildet wurden.

Die finanziellen Vorteile solcher Lösungen wie geringere Produktionskosten und eine schnellere Erstellung von Inhalten liegen auf der Hand. Gleichzeitig bewerten Konsumenten den Einsatz KI-generierter Menschen unterschiedlich. Kritisiert wird unter anderem, dass dadurch kreative Leistungen echter Models verdrängt werden und Produkterfahrungen wie der tatsächliche Sitz von Kleidung nicht realitätsgetreu vermittelt werden können (Mitchell, 2024). Gerade beim Einsatz vollständig KI-generierter Models, wie bei Mango und Levi Strauss & Co., besteht das Risiko negativer Konsumentenreaktionen bis hin zu Boykottaufrufen (Foley, 2025). H&M versuchte, diese Kontroverse zu entschärfen, indem digitale Zwillinge realer Models eingesetzt wurden, die für ihre Abbildung entlohnt wurden und vertraglich volle Kontrolle über die weitere Nutzung ihrer digitalen Abbilder behalten (Bain, 2025). Diese Lösung bietet dem Produktionsteam vor allem eine flexible, ortsunabhängige Umsetzung und spart Zeit und Kosten. Es bleibt jedoch offen, wie Konsumenten diese Form der Content-Erstellung wahrnehmen und welchen Einfluss sie auf das Markenimage und die Produktwahrnehmung hat.

Abb. 2.1 Definitorischer Dreiklang KI-generierter Menschen (KI-generierte Darstellung erstellt mit Adobe Firefly [Adobe, 2025])

Definition von KI-generierten Menschen
Für die Untersuchung wurden drei Typen KI-generierter Personen definiert, die sich hinsichtlich ihres Realitätsgrads unterscheiden (siehe Abb. 2.1).

1. **Fictional Avatars**
Fictional Avatars sind digitale Personen, die bewusst als künstlich erkennbar gestaltet sind und häufig stilisiert, comicartig oder nicht-menschlich. Trotz ihrer artifiziellen Erscheinung weisen sie menschliche Merkmale auf, etwa in Mimik, Sprache oder Verhalten (Nowak & Biocca, 2003). Im Gegensatz zu Digital Twins basieren sie aber nicht auf real existierenden Personen, sondern sind vollständig fiktiv konzipiert (Iovane et al., 2025). Typische Einsatzfelder sind animierte Markenbotschafter oder virtuelle Charaktere in sozialen Medien. Ein prominentes Beispiel ist „Lil Miquela". Sie zählt im Jahr 2025 über 2 Mio. Follower auf Instagram und arbeitet mit Marken wie Prada und BMW zusammen.
2. **Realistic Fakes**
Ein Realistic Fake ist eine künstlich erzeugte Person. Die dargestellte Person sieht echt aus, ist aber frei erfunden. Diese AI Humans orientieren sich nicht an konkreten Personen, sondern wirken lediglich realitätsnah. Im Unterschied

zu Digital Twins, geht es hier nicht darum, jemanden gezielt abzubilden und zu ersetzen. Stattdessen soll lediglich ein glaubwürdiger und natürlich wirkender Eindruck eines Menschen entstehen. Die Weihnachtskampagne von Coca-Cola aus dem Jahr 2024 ist ein plakatives Beispiel dafür. Coca-Cola veröffentlichte einen komplett KI-generierten Weihnachtswerbespot, bei der das bekannte „Holidays Are Coming"-Werbevideo vollständig mithilfe einer Künstlichen Intelligenz produziert wurde (Schasche, 2024).
3. **Digital Twins**
Digital Twins sind virtuelle Abbilder realer Personen. Sie basieren auf umfangreichen personenbezogenen Daten – etwa Bild-, Sprach- und Bewegungsmustern – und ermöglichen die Simulation menschlichen Verhaltens in digitalen Umgebungen (Ihring, 2025; Lin et al., 2024). Ein aktuelles Beispiel liefert die Modemarke H&M. In Kooperation mit dem schwedischen Tech-Unternehmen Uncut erstellt H&M KI-basierte Klone von Models (Foley, 2025).

2.2 Relevante Einflussfaktoren aus der Forschung

Aktuelle Forschungsergebnisse legen nahe, dass die Akzeptanz von KI-generierten Menschen in der Markenkommunikation von drei Faktoren abhängt: der wahrgenommenen Authentizität der Kommunikation, dem Grad der Menschenähnlichkeit der virtuellen Akteure, der Transparenz hinsichtlich der Urheberschaft emotionaler Botschaften und der wahrgenommenen psychologischen Distanz einer Marke (Kirk & Givi, 2025; Lou et al., 2022; Saeed et al., 2024). Diese Dimensionen sind insbesondere bei emotional aufgeladenen Produkten und Produkten mit hohem Involvement relevant, da Konsumenten gegenüber KI-generierten Inhalten hier besonders kritisch reagieren (Brüns & Meißner, 2024).

Dabei scheint die Authentizität ein zentraler Einflussfaktor für die Akzeptanz zu sein (z. B. Loebnitz & Grunert, 2021). Lou et al. (2022) zeigen, dass KI-generierte Menschen nur dann als authentisch wahrgenommen werden, wenn sie nicht zu perfekt erscheinen und sich ihre Darstellungsform eng an menschlichen Models orientiert. Obwohl sich die Studie auf virtuelle Influencer konzentriert, lassen sich die zugrunde liegenden Mechanismen der Wahrnehmung von Authentizität auch auf den weiteren Bereich der KI-basierten Markenkommunikation übertragen. Darüber hinaus spielt die visuelle Menschenähnlichkeit von AI Humans eine wichtige Rolle. Da viele Konsumenten den direkten menschlichen Kontakt bevorzugen, empfiehlt sich eine menschenzentrierte Gestaltung von KI-Systemen, um die Akzeptanz zu erhöhen (Perst, 2024). Studien zur Gestaltung von Robotern und KI-basierten Influencern liefern hierzu wertvolle Erkenntnisse. Insbesondere der sogenannte Uncanny-Valley-Effekt scheint relevant zu sein: Während ein moderater Grad an Menschenähnlichkeit Vertrauen stärkt und emotionale Nähe begünstigt, kann eine zu starke Annäherung an das menschliche Erscheinungsbild Abwehrreaktionen auslösen (Lou et al., 2022). Auch die visuelle Gestaltung KI-generierter Menschen beeinflusst die Akzeptanz maßgeblich. Eine Studie von Schuster (2024) zeigt, dass solche Inhalte grundsätzlich positiv bewertet werden, sofern bestimmte ethische und gestalterische Leitlinien beachtet werden. Dazu zählen der Verzicht auf die Darstellung prominenter Persönlichkeiten ohne deren Zustimmung, eine bewusste Abkehr von übertriebener Perfektion zugunsten natürlicher Darstellungen, die Förderung von Diversität sowie eine kontextgerechte und sensible Gestaltung. Besonders hohe Akzeptanz erfahren KI-generierte Bilder in der Produktwerbung, wenn Personen nicht im Mittelpunkt stehen. Ein weiterer zentraler Aspekt betrifft die Urheberschaft emotionaler Inhalte. Kirk und Givi (2025) identifizieren in ihrer Studie den sogenannten „AI-Authorship Effect": Emotionale Botschaften, die erkennbar von einer KI stammen, verlieren für viele Konsumenten deutlich an Überzeugungskraft. Wird hinter emotionalen Aussagen keine menschliche Intention wahrgenommen, schwächt dies ihre Wirkung erheblich.

Auch das Ausmaß der psychologischen Distanz, also wie nah oder fern eine Marke kognitiv oder emotional erlebt wird, beeinflusst maßgeblich, wie Konsumenten auf Werbeinhalte reagieren. Wenn eine Marke als psychologisch nah empfunden wird, sprechen konkrete und emotional aufgeladene Inhalte besonders gut an. Wird eine Marke hingegen als psychologisch fern wahrgenommen, wirken abstrakte und funktionale Botschaften überzeugender (Kim & Song, 2018; Saeed et al., 2024; Trope & Liberman, 2010; Yan & Sengupta, 2013).

Zusammenfassend lässt sich festhalten: Die Akzeptanz von KI-generierten Menschen in der Markenkommunikation scheint stark kontext- und gestaltungsabhängig zu sein. Bei Produkten mit emotionalem Anspruch und langfristiger Bindung sind Authentizität, Transparenz über die Urheberschaft, ein ausgewogenes Maß an Menschenähnlichkeit sowie eine sensible visuelle Gestaltung entscheidend. Nur wenn diese Faktoren sorgfältig berücksichtigt werden, kann KI-gestützte Kommunikation das Vertrauen und die Akzeptanz der Konsumenten gewinnen. Welche Wirkung unterschiedliche Formen von KI-generierten Menschen auf Konsumenten entfalten, wurde im Rahmen einer quantitativen Studie untersucht, die im Folgenden beschrieben wird.

2.3 Studiendesign und methodisches Vorgehen

Der zunehmende Einsatz KI-generierter Menschen in der Werbung wirft die Frage auf, wie diese Darstellungen von Konsumenten bewertet werden und ob einzelne Darstellungsformen stärker akzeptiert werden als andere.

Vor diesem Hintergrund wurde eine Untersuchung durchgeführt, mit dem Ziel, die Akzeptanz unterschiedlicher Darstellungen KI-generierter Menschen in der Produktwerbung zu erfassen und systematisch zu vergleichen. Die Studie wurde als Online-Experiment mit einem Between-Subjects-Design angelegt. Die Studienteilnehmer wurden zufällig einer der folgenden Versuchsgruppen zugewiesen:

(a) Gruppe 1: Digital Twin
(b) Gruppe 2: Realistic Fake
(c) Gruppe 3: Fictional Avatar
(d) Gruppe 4: Echter Mensch (Kontrollgruppe)

Allen Gruppen wurden nacheinander drei Werbebilder gezeigt, die jeweils ein High-Involvement-Produkt (Auto, Designersofa, hochwertige Kopfhörer) zusammen mit einer Person zeigten (siehe Abb. 2.2).

Die Produkte waren in allen Gruppen identisch, die visuelle Darstellung der abgebildeten Person variierte jedoch je nach zugewiesener Darstellungsform bzw. Gruppe. Dabei wurde ein einheitliches Produkt- und Gestaltungsniveau sichergestellt (Produktart, Bildstil, Farbschema), um Verzerrungen durch gestalterische Unterschiede zu vermeiden. Es kamen minimalistische Werbemittel zum Einsatz,

Abb. 2.2 Stimulusmaterial für die Gruppen Digital Twin und Realistic Fake, KI-generierte Rekonstruktion der Originalbilder mit Adobe Firefly (Adobe, 2025) [Originalbilder aus rechtlichen Gründen nicht abbildbar]

bei denen Produkt und Mensch großflächig dargestellt wurden, während ablenkende Hintergründe vermieden wurden. Die Farbgestaltung blieb neutral.

Die Fictional Avatars wurden in einem semi-realistischen Stil erstellt, vergleichbar mit der Figur „Liv" aus der Renault-Kadjar-Werbung (Publicis Conseil, 2019). Für die Erstellung kam das Tool HeyGen AI Avatar & Video Maker (HeyGen, 2025) zum Einsatz. Die Kontrollgruppe sah die Werbebilder mit echten Menschen als Hauptfiguren. Um sicherzustellen, dass die Darstellungen der Kategorien ‚Realistic Fake' und ‚Digital Twin' tatsächlich als authentisch wahrgenommen werden, wurden in beiden Gruppen Bilder realer Menschen eingesetzt. Es handelte sich um dieselben echten Menschen, die auch in der Kontrollgruppe verwendet wurden. Alle Werbebilder mit (vermeintlich) KI-generierten Personen enthielten einen klaren Hinweis darauf, dass es sich um KI-generierte Werbung handelt. So sollte sichergestellt werden, dass die jeweilige Darstellungsform als KI-basiert erkannt wird. Zusätzlich wurde ausgewiesen, welche Art von KI-generierten Personen in der jeweiligen Gruppe zum Einsatz kam.

Datenerhebung und Messinstrument

Die Datenerhebung erfolgte mittels eines standardisierten Online-Fragebogens über die Plattform Appinio. Dieser erfasste drei potenzielle Einflussfaktoren auf die KI-Akzeptanz, abgeleitet aus aktuellen Studien zur Werbewirkung und Technologieakzeptanz in der KI-Kommunikation: Einstellung zum Model, Einstellung zur Werbung und der psychologischen Distanz (Chen et al., 2024; Feng et al., 2023; Kim & Song, 2018; Lancellotti & Thomas, 2018; Saeed et al., 2024).

Nachdem die Teilnehmer die drei Werbebilder gesehen hatten, wurde ihre Einstellung zum dargestellten Model abgefragt. Diese wurde anhand von fünf Fragen gemessen, die auf einer fünfstufigen semantischen Differenzialskala beantwortet wurden (angelehnt an Feng et al., 2023): „Ich empfinde das Model als schlecht/gut; unangenehm/angenehm; langweilig/interessant; unvorteilhaft/vorteilhaft; negativ/positiv" (Cronbach's $\alpha = ,91$).

Die nächsten Fragen bezogen sich auf die *Einstellung zur Werbung*. Dazu wurden drei Items verwendet, die auf einer siebenstufigen semantischen Differenzialskala beantwortet wurden (angelehnt an Lancellotti & Thomas, 2018): „Diese Werbung ist schlecht/gut; ist nicht ansprechend/ansprechend; gefällt mir nicht/gefällt mir." (Cronbach's $\alpha = ,91$).

Abschließend wurde die *psychologische Distanz zur Marke* mithilfe von drei Items gemessen. Die Bewertung erfolgte auf einer siebenstufigen Likert-Skala in Anlehnung an Yan und Sengupta (2013). Ein Beispielitem lautete: „Nachdem ich die Werbung gesehen habe, habe ich das Gefühl, dass sich die Distanz zwischen mir und der Marke verringert hat." (Cronbach's $\alpha = ,86$).

2.4 Ergebnisse der empirischen Untersuchung

Die Untersuchung richtete sich an deutschsprachige Erwachsene in Deutschland und Österreich im Alter von 25 bis 55 Jahren mit einem Haushaltsnettoeinkommen ab 1500 €. Die Stichprobe bestand aus $N=200$ Teilnehmern, die sich gleichmäßig auf die vier Versuchsgruppen aufgeteilt haben (pro Gruppe $n=50$). Insgesamt waren 50 % der Teilnehmer weiblich. Das durchschnittliche Alter lag bei $M=38,5$ Jahren ($SD=9,23$). Eine Übersicht über zentrale soziodemografische Merkmale befindet sich in Abb. 2.3. Die Gruppen unterschieden sich hinsichtlich der soziodemografischen Merkmale Geschlecht, Alter und Einkommen nicht voneinander.

Zur Überprüfung von Unterschieden zwischen den vier Versuchsgruppen wurde eine multivariate Varianzanalyse (MANOVA) mit der Einstellung zum dargestellten Model, der Einstellung zur Werbung und der psychologischen Distanz zur Marke als abhängige Variablen berechnet. Die Analyse ergab, dass sich lediglich die Einstellung gegenüber dem dargestellten Model signifikant zwischen den Darstellungsformen unterschied, $F(3, 196)=3,75$, $p=,012$, $\eta^2_p = ,05$. Der Effekt entspricht gemäß Cohen (1988) einer kleinen bis mittleren Effektstärke, was auf eine moderate praktische Relevanz hinweist. Für die Einstellung zur Werbung, $F(3,196)=2,55$, $p=,057$, $\eta^2_p = ,04$ und die psychologische Distanz zur Marke, $F(3,196)=2,39$, $p=,070$, $\eta^2_p = ,04$, konnten marginale bzw. keine statistisch signifikanten Gruppenunterschiede festgestellt werden. Eine Übersicht der Mittelwerte befindet sich in Abb. 2.4.

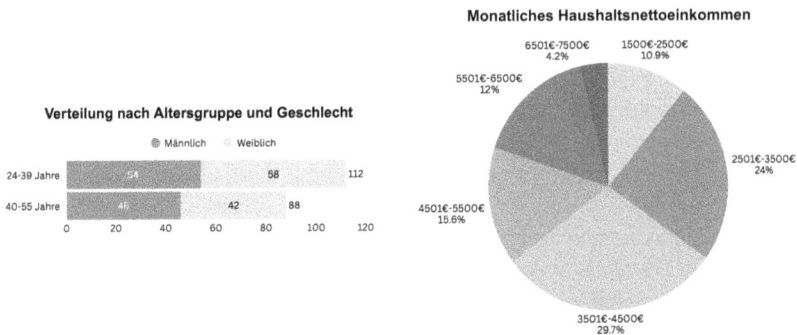

Abb. 2.3 (a) Links: Altersgruppen und Geschlechterverteilung der Stichprobe, (b) Rechts: Verteilung der monatlichen Haushaltsnettoeinkommen in Euro (prozentuale Angaben)

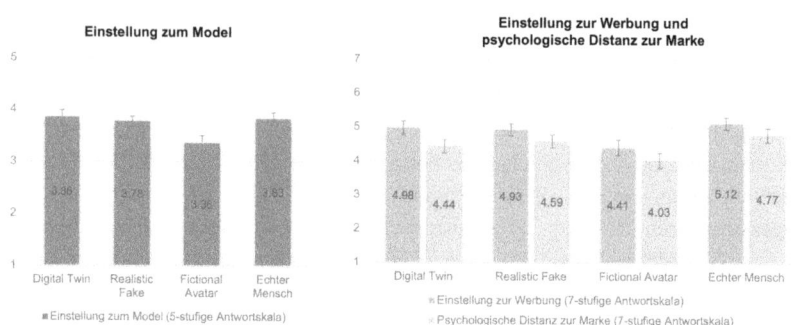

Abb. 2.4 Mittelwerte der zentralen Maße nach Darstellungsvarianten von Menschen in Produktwerbung (Fehlerbalken ± 1 Standardfehler)

Post-hoc-Tests

Holm-korrigierte Post-hoc-Tests zeigten, dass die Einstellung gegenüber dem Model in der Gruppe mit Fictional Avatars signifikant negativer ausfiel als in den übrigen Versuchsgruppen (p-Werte zwischen ,023 und ,059). Realistic Fakes, Digitale Twins und echte Menschen wurden hingegen ähnlich bewertet, was auf vergleichbare Einstellungen gegenüber diesen Darstellungsformen schließen lässt (alle $p > ,05$).

Gleichzeitig bleibt festzuhalten, dass der Mittelwert in der Gruppe der Fictional Avatars mit $M = 3{,}36$ ($SD = 1{,}01$) noch über dem neutralen Skalenwert von 3.0 liegt. Dies spricht gegen eine grundsätzliche Ablehnung dieser Darstellungsform in der Werbung. Vielmehr deutet sich an, dass Fictional Avatars im Vergleich zu hyperrealistischen KI-Typen auf etwas geringere Zustimmung stoßen.

Zusammenfassung der Ergebnisse

Zwischen den vier Darstellungsformen (Digital Twin, Realistic Fake, Fictional Avatar und echter Mensch) zeigten sich signifikante Unterschiede ausschließlich in der Bewertung des dargestellten Models. Fictional Avatars wurden im Vergleich zu den hyperrealistischen Varianten, also echten Menschen, Digital Twins und Realistic Fakes, signifikant negativer eingeschätzt. Die durchschnittliche Bewertung der Fictional Avatars lag jedoch weiterhin über dem neutralen Skalenwert. Das deutet darauf hin, dass diese Darstellungsform nicht grundsätzlich abgelehnt wird. Die Einstellungen zur Werbung sowie zur beworbenen Marke blieben von der Darstellungsform weitgehend unbeeinflusst.

2.5 Handlungsempfehlungen für die Markenkommunikation

Die Studienergebnisse verdeutlichen, wie KI-generierte Menschen gezielt und mit hoher Akzeptanz in der Markenkommunikation eingesetzt werden können. In einem zunehmend digitalen und technologiegetriebenen Marktumfeld eröffnen KI-generierte Menschen neue kreative und strategische Spielräume. Die Auswahl geeigneter Darstellungsformen und deren glaubwürdige Inszenierung entwickeln sich dabei zu zentralen Erfolgsfaktoren für die Markenführung. Aus den empirischen Befunden lassen sich drei zentrale Handlungsfelder ableiten, die Unternehmen aktiv in ihre Kommunikationsstrategie integrieren sollten.

Digital Twins und Realistic Fakes: Strategisch gleichwertig und glaubwürdig
Die Darstellungsformen Digital Twin und Realistic Fake wurden von den Studienteilnehmern ähnlich positiv wahrgenommen, was auf ein grundsätzlich offenes Konsumentenverhalten gegenüber realitätsnah gestalteten KI-generierten Personen hinweist. In der Markenkommunikation zeigt sich, dass gerade solche lebensnahen Inszenierungen besonders gut für High-Involvement-Produkte geeignet sind, bei denen Vertrauen und Detailtreue eine zentrale Rolle spielen. Die Ergebnisse deuten darauf hin, dass eine transparente Kennzeichnung der KI-generierten Models in der Studie überwiegend als unproblematisch wahrgenommen wurde. In Verbindung mit einer transparenten Kennzeichnung kann ein gezielter Einsatz von Digital Twins und Realistic Fakes überzeugen. Die vergleichbare Bewertung zur Kontrollgruppe mit echten Menschen als Models deutet darauf hin, dass unter den gegebenen Bedingungen keine grundsätzliche Ablehnung besteht.

Fictional Avatars: Potenziale durch kontextbezogenen Einsatz
Eine mögliche Erklärung für die geringere Zustimmung zu Fictional Avatars könnte im sogenannten Uncanny-Valley-Effekt liegen (Mori, 1970, zitiert nach Gröppel-Klein & Franke, 2023). Dieser beschreibt Irritationen, die entstehen können, wenn künstliche Personen zwar menschenähnlich wirken, aber als nicht vollständig authentisch wahrgenommen werden. Auch wenn dieser Effekt nicht direkt untersucht wurde, erscheint sein Einfluss im vorliegenden Kontext denkbar. Zwar wurden Fictional Avatars nicht grundsätzlich abgelehnt, doch insbesondere bei den verwendeten Produkten mit hohem Involvement, zeigte sich eine klar negativere Einstellung im Vergleich zu Digital Twins und Realistic Fakes. Dennoch bieten solche Avatare Potenzial, vor allem in kreativen und experimentellen Formaten wie Social Media. Gerade der bewusste Bruch mit einer realitätsnahen

Darstellung kann an dieser Stelle als Differenzierungsmerkmal genutzt werden. Entscheidend ist eine klare visuelle und erzählerische Abgrenzung zu realen Personen, um Irritationen oder Ablehnung zu vermeiden (Moustakas et al., 2020).

Transparenter Umgang mit KI in der Kommunikation
In allen Versuchsgruppen mit KI-generierten Darstellungen wurde klar kommuniziert, dass es sich um künstlich erzeugte Menschen handelt. Bei den Realistic Fakes und den Digital Twins wirkte sich diese Transparenz nicht negativ auf die Akzeptanz aus. Ihre Bewertungen lagen auf dem gleichen Niveau wie jene der Kontrollgruppe mit echten Menschen. Marken können mit Transparenz Vertrauen aufbauen, sofern die visuelle Umsetzung überzeugend gestaltet ist. Für Fictional Avatars gilt dies jedoch nur eingeschränkt, da ihre Akzeptanz signifikant niedriger ausfiel als bei den anderen Gruppen.

Zukünftige Herausforderungen im strategischen Umgang mit KI-generierten Menschen
Mit der zunehmenden Integration KI-generierter Menschen in die Markenkommunikation ergeben sich neue strategische Fragestellungen. Unternehmen stehen vor der Herausforderung, technologische Innovation mit Authentizität zu verbinden. Erschwert wird diese Aufgabe durch ein gesellschaftliches Klima, das besonders sensibel auf mögliche Manipulationen und ethische Fragestellungen reagiert. Die vorliegende Untersuchung zeigt, dass Digital Twins, Realistic Fakes und Fictional Avatars von Konsumenten grundsätzlich positiv bewertet werden. Dabei verschiebt sich das Verständnis von Authentizität. Nicht die tatsächliche Echtheit einer Person steht im Mittelpunkt, sondern die Glaubwürdigkeit der kommunikativen Botschaft. Unternehmen, die diesen Wandel ernst nehmen, können daraus einen deutlichen Vertrauensvorsprung entwickeln. Besonders in Produktkategorien mit hohem Involvement, welche stark auf Vertrauen und Identifikation angewiesen sind, gewinnen realitätsnahe Darstellungen an Bedeutung. Je näher ein AI Human einem echten Menschen kommt, desto höher fällt seine Akzeptanz aus. Marken sollten daher verstärkt in hochwertige technische Umsetzungen investieren, um Figuren zu schaffen, die konsistent, glaubwürdig und realistisch wirken. Auch Fictional Avatars bieten Potenzial, insbesondere in digitalen und kreativen Kommunikationsumfeldern wie Social Media oder Gaming. Entscheidend ist jedoch, dass ihr Einsatz dem jeweiligen Kontext entspricht und die Erwartungen der Zielgruppe berücksichtigt werden. Eine klare visuelle Abgrenzung zu realen Personen hilft dabei, Missverständnisse zu vermeiden und Vertrauen aufzubauen.

Der Einsatz KI-generierter Menschen ist kein Selbstzweck in der Markenkommunikation. Er verlangt eine durchdachte gestalterische Umsetzung und eine klare kommunikative Haltung und Offenheit gegenüber dem Publikum. Unternehmen, die KI-generierte Models bewusst und verantwortungsvoll in ihre Markenführung integrieren, legen damit den Grundstein für eine langfristige gesellschaftliche und technologische Akzeptanz. Der verantwortungsvolle Einsatz von AI Humans ist damit nicht nur eine Frage der technologischen Machbarkeit und gestalterischen Herausforderung, sondern auch ein Gradmesser für unternehmerische Weitsicht und kommunikative Reife im digitalen Zeitalter.

Literatur

Adobe. (2025). *Adobe Firefly* [KI-Bildgenerierung]. Adobe Inc. https://firefly.adobe.com.

Bain, M. (2025, März 25). *H&M knows its AI models will be controversial.* The Business of Fashion. https://www.businessoffashion.com/articles/technology/hm-plans-to-use-ai-models/.

Brüns, J. D., & Meißner, M. (2024). Do you create your content yourself? Using generative artificial intelligence for social media content creation diminishes perceived brand authenticity. *Journal of Retailing and Consumer Services, 79,* 103790. https://doi.org/10.1016/j.jretconser.2024.103790.

Chen, Y., Wang, H., Rao Hill, S., & Li, B. (2024). Consumer attitudes toward AI-generated ads: Appeal types, self-efficacy and AI's social role. *Journal of Business Research, 185,* 114867. https://doi.org/10.1016/j.jbusres.2024.114867.

Cohen, J. (1988). *Statistical power analysis for the behavioral Sciences.* Lawrence Erlbaum Associates.

Feng, Y., Chen, H., & Xie, Q. (2023). AI Influencers in Advertising: The role of AI influencer-related attributes in shaping consumer attitudes, consumer trust, and perceived influencer–product fit. *Journal of Interactive Advertising, 24*(1), 26–47. https://doi.org/10.1080/15252019.2023.2284355.

Foley, J. (2025, März 31). *H&M's digital clone models are already causing controversy.* Creative Bloq. https://www.creativebloq.com/creative-inspiration/advertising/h-and-ms-digital-clone-models-are-already-causing-controversy.

Gröppel-Klein, A., & Franke, C. (2023). Die Verwischung der Grenzen zwischen Fiktion und Realität: Der Einsatz virtueller Models in der Markenkommunikation. In M. Kleinaltenkamp, L. Gabriel, J. Morgen, & M. Nguyen (Hrsg.), *Marketing und Innovation in disruptiven Zeiten* (S. 197–211). Springer Gabler. https://doi.org/10.1007/978-3-658-38572-9_11.

HeyGen. (2025). *HeyGen AI Avatar & Video Maker* [Software]. HeyGen. https://www.heygen.com/.

Ihring, S. (2025, Mai 12). *KI: Models bekommen „digitale Zwillinge" – Chance oder Bedrohung?.* Die Welt. https://www.welt.de/iconist/mode/article256035828/KI-Models-bekommen-digitale-Zwillinge-Chance-oder-Bedrohung.html.

Iovane, G., Fominska, I., & Sibilio, M. (2025). Perspective chapter: From avatar technology to interactive holographic digital twin. In C. Vologencu (Hrsg.), *Current State and Future Perspective in Human-Robot Interaction* (S. 1–16). IntechOpen. https://doi.org/10.5772/intechopen.1008910.

Kilian, K. (2024). *Marken erfolgreich managen: Mehr Markenerfolg mit BEST IDEAS*. Kohlhammer. https://doi.org/10.17433/978-3-17-037401-0.

Kilian, K. (2025). Typologien virtueller Influencer. *markenartikel, 3*(2025), 41–43.

Kim, D. H., & Song, D. (2018). Can brand experience shorten consumers' psychological distance toward the brand? The effect of brand experience on consumers' construal level. *Journal of Brand Management, 26*(3), 255–267. https://doi.org/10.1057/s41262-018-0134-0.

Kirk, C. P., & Givi, J. (2025). The AI-authorship effect: Understanding authenticity, moral disgust, and consumer responses to AI-generated marketing communications. *Journal of Business Research, 186*, 114984. https://doi.org/10.1016/j.jbusres.2024.114984.

Lancellotti, M. P., & Thomas, S. (2018). Men hate it, women love it: Guilty pleasure advertising messages. *Journal of Business Research, 85*, 271–280. https://doi.org/10.1016/j.jbusres.2018.01.021.

Lil Miquela [@lilmiquela]. (o. D.). *[Instagram-Profil]*. Instagram. https://www.instagram.com/lilmiquela/.

Lin, Y., Chen, L., Ali, A., Nugent, C., Cleland, I., Li, R., Ding, J., & Ning, H. (2024). Human digital twin: A survey. *Journal of Cloud Computing, 13*(131), 1–21. https://doi.org/10.1186/s13677-024-00691-z.

Loebnitz, N., & Grunert, K. G. (2021). Let us be realistic: The impact of perceived brand authenticity and advertising image on consumers' purchase intentions of food brands. *International Journal of Consumer Studies, 46*(1), 309–323. Portico. https://doi.org/10.1111/ijcs.12679.

Lou, C., Kiew, S. T. J., Chen, T., Lee, T. Y. M., Ong, J. E. C., & Phua, Z. (2022). Authentically Fake? How consumers respond to the influence of virtual influencers. *Journal of Advertising, 52*(4), 540–557. https://doi.org/10.1080/00913367.2022.2149641.

Merrin, W. (2021). Hyporeality, the society of the selfie and identification politics. In *MAST – The Journal of Media Art Study and Theory, 2*(1), 16–39. https://doi.org/10.59547/26911566.2.1.02.

Mitchell, A. (2024, November 18). *Mango's AI models slammed as ‚false advertising‘ amid fears of lost jobs*. New York Post. https://nypost.com/2024/11/18/lifestyle/mangos-ai-models-slammed-as-false-advertising-amid-fears-of-lost-jobs/.

Mori, M. (1970). The uncanny valley. *Energy, 7*(4), 33–35. https://doi.org/10.1109/MRA.2012.2192811.

Moustakas, E., Lamba, N., Mahmoud, D., & Ranganathan, C. (2020). Blurring lines between fiction and reality. In *2020 International Conference on Cyber Security and Protection of Digital Services (Cyber Security)* (S. 1–6). https://doi.org/10.1109/cybersecurity49315.2020.9138861.

Nowak, K. L., & Biocca, F. (2003). The influence of the avatar on online perceptions. In R. Schroeder (Hrsg.), *The social life of avatars* (S. 45–62). Springer. https://doi.org/10.1111/j.1083-6101.2006.tb00308.x.

Perst, F. (2024). Der Einfluss von KI-gestützter Kommunikation auf authentische Markenwahrnehmung und Loyalität. In T. Bolz & G. Schuster (Hrsg.), *Generative Künstliche*

Intelligenz in Marketing und Sales (Kap. 19). Springer Gabler Wiesbaden. https://doi.org/10.1007/978-3-658-45132-5_19.

Publicis Conseil. (2019, August 12). *Meet Liv, Renault's Unnerving New Virtual Ambassador.* LBBOnline. https://lbbonline.com/news/meet-liv-renaults-unnerving-new-virtual-ambassador.

Renault Deutschland Pressestelle. (2018, Dezember 20). *Virtuelle Botschafterin „Liv" testet neuen Renault Kadjar* [Presseinformation]. Renault Deutschland Presseportal. https://presse.renault.de/virtuelle-botschafterin-liv-testet-neuen-renault-kadjar/.

Saeed, M. R., Khan, H., Lee, R., Lockshin, L., Bellman, S., Cohen, J., & Yang, S. (2024). Construal level theory in advertising research: A systematic review and directions for future research. *Journal of Business Research, 183,* 114870. https://doi.org/10.1016/j.jbusres.2024.114870.

Schasche, S. (2024, November 26). *Atmosphärisches Defizit: Wieso Coca-Colas KI-Weihnachtsspot scheitert.* W&V. https://www.wuv.de/Themen/Marke/Atmosphaerisches-Defizit-Wieso-Coca-Colas-KI-Weihnachtsspot-scheitert.

Scheuer, D. (2020). *Akzeptanz von Künstlicher Intelligenz: Grundlagen intelligenter KI-Assistenten und deren vertrauensvolle Nutzung* (1. Aufl.). Springer Vieweg Wiesbaden.

Schuster, S. (2024). *AI-Humans in Brand Communication: Potenziale, Herausforderungen und Konsumentenperspektiven.* https://cdn.prod.website-files.com/63cafdabb04c4f0d4d5116bb/66eaaed76f4f026ec2e88cc1_2024_Study_AI-Humans_by-WongDoody.pdf.

Shrivastava, P. (2025). Understanding acceptance and resistance toward generative AI technologies: A multi-theoretical framework integrating functional, risk, and sociolegal factors. *Frontiers in Artificial Intelligence, 8.* https://doi.org/10.3389/frai.2025.1565927.

Trope, Y., & Liberman, N. (2010). Construal-level theory of psychological distance. *Psychological Review, 117*(2), 440–463. https://doi.org/10.1037/a0018963.

Yan, D., & Sengupta, J. (2013). Effects of construal level on the price-quality relationship. *Journal of Consumer Research, 40*(2), 222–238. https://doi.org/10.1086/659755.

Transparenz in der KI-gestützten Markenkommunikation

3

Die Ergebnisse dieses Kapitels entstanden in einem fakultätsübergreifenden Forschungsprojekt an der Hochschule der Medien Stuttgart unter Mitwirkung von Michael Gagliolo, Christina Hebbeler, Dilem Delal Atmaca, Adrian Breier und Pablo Brockmann.

Zusammenfassung

Eine transparente Kommunikation zum Einsatz von Künstlicher Intelligenz (KI) in der Werbung wird zunehmend wichtiger. Dabei stellt sich die Frage, wie solche Inhalte sinnvoll gekennzeichnet werden können. Dieses Kapitel stellt aktuelle Erkenntnisse vor und untersucht anhand einer branchenübergreifenden Studie, wie unterschiedliche Kennzeichnungsarten das Markenvertrauen und die Interaktionsbereitschaft beeinflussen. Ziel ist es, praktische Empfehlungen für eine transparente Kennzeichnung von KI-generierten Inhalten in der Markenkommunikation zu geben. ◄

3.1 Die Relevanz der Kennzeichnung von KI-generierten Inhalten

Kaum ein Thema verändert das Marketing derzeit so tiefgreifend wie Künstliche Intelligenz (KI). Was vor wenigen Jahren noch als vielversprechender Trend galt, ist heute gelebte Praxis. Dazu gehören automatisierte Texte, KI-basierte Bild- und Videoproduktionen sowie die Erstellung sogenannter AI Humans. Mit diesen neuen Möglichkeiten stehen Unternehmen vor der Herausforderung, den Einsatz von KI nicht nur kreativ, sondern auch transparent und nachvollziehbar zu gestalten. Konsumenten erwarten dabei klare Informationen darüber, wo und wie KI zum Einsatz kommt. Sie wollen vor allem nicht das Gefühl haben, getäuscht zu werden (Getty Images, 2024).

Parallel dazu gewinnt Transparenz als gesellschaftlicher Wert immer mehr an Bedeutung. Die Industrie- und Handelskammer Berlin (2025) identifiziert Total Transparency als einen relevanten Trend für das Jahr 2025. Konsumenten möchten den gesamten Lebenszyklus eines Produkts nachvollziehen können. Dieses Bedürfnis, das ursprünglich aus der Nachhaltigkeitsdebatte stammt, richtet sich heute nicht mehr nur auf physische Produkte, sondern zunehmend auch auf digitale Inhalte und den Einsatz von KI in der Werbung. Dabei stellt sich eine zentrale Frage: Ist es für Konsumenten überhaupt relevant, ob eine künstlich erzeugte Werbung als KI-generiert gekennzeichnet wird? Eine repräsentative Umfrage von Appinio (2024) mit 1000 Befragten zur Bewertung der künstlich erzeugten Werbekampagne von Mango gibt eine klare Antwort: 81 % erwarten eine deutliche Kennzeichnung KI-generierter Inhalte.

Angesichts dieser Erwartungen auf Konsumentenseite reagiert nun auch der Gesetzgeber. Mit dem European Union Artificial Intelligence Act (EU AI Act) werden erstmals Regeln für den Umgang mit KI in der Europäischen Union (EU) geschaffen, die ab 2026 auch eine Kennzeichnungspflicht für KI-generierte Inhalte vorsehen (Europäische Union, 2024). Besonders wichtig für das Marketing ist Artikel 50, der eine Kennzeichnungspflicht vorschreibt. Demnach müssen Unternehmen deutlich machen, ob Bilder, Videos oder Audios künstlich erzeugt oder verändert wurden. Diese Kennzeichnungspflicht gilt insbesondere dann, wenn die Inhalte realen Personen, Objekten oder Szenen täuschend echt nachempfunden sind. Die Verordnung bezeichnet diese Inhalte als Deepfakes. Das folgende Beispiel verdeutlicht praxisnah die Kennzeichnungspflicht: Ein Unternehmen wirbt für Schmuck und setzt dabei eine realistisch wirkende, aber vollständig KI-generierte Person ein. Obwohl die Darstellung nicht echt ist, könnte sie leicht als reales menschliches Model wahrgenommen werden. In solchen Fällen greift der EU AI Act. Das Bild muss eindeutig als künstlich erzeugt gekennzeichnet werden (Europäische Union, 2024).

Trotz der Verordnung bleibt bislang unklar, wie diese Kennzeichnung konkret gestaltet sein soll. Es gibt erste Ideen von Unternehmen und Plattformen, aber keine einheitlichen Standards. Genau hier setzt dieses Kapitel an. Es soll Orientierung bieten, wie eine verständliche und zugleich wirkungsvolle Kennzeichnung KI-generierter Inhalte in der Werbung gelingen kann. Das Kapitel gliedert sich in drei Teile: Es stellt zentrale Erkenntnisse und aktuelle Praxisbeispiele vor,

3.2 Aktuelle Erkenntnisse zur KI-Kennzeichnung in Wissenschaft und Praxis

beschreibt eine ebenfalls aktuelle empirische Untersuchung und leitet daraus konkrete Handlungsempfehlungen für Unternehmen ab.

Um zu verstehen, wie Konsumenten auf die Kennzeichnung von KI-generierten Inhalte reagieren, lohnt sich ein Blick in die aktuelle Forschung. Eine qualitative Studie von Schuster (2024) mit Teilnehmern aus Großbritannien und Deutschland zeigt, dass Werbung mit KI-generierten Abbildungen prominenter Personen eher als kennzeichnungspflichtig wahrgenommen wird. Im Mittelpunkt stand das Bedürfnis, nicht getäuscht zu werden. Weniger kritisch sahen Konsumenten dagegen die Nutzung KI-generierter Hintergründe oder Texte in Werbemitteln. Hier wurde eine Kennzeichnung als weniger wichtig angesehen. Neben der Frage, ob eine Kennzeichnung erforderlich ist, spielt auch die Ausgestaltung eine zentrale Rolle. Ein einfaches Symbol oder Siegel wurde oft als passend empfunden.

Damit eine Kennzeichnung nicht nur vorhanden, sondern auch verständlich ist, spielt die Wortwahl eine entscheidende Rolle. Epstein et al. (2023) haben untersucht, welche Begriffe sich für die Kennzeichnung KI-generierter Inhalte eignen. Über 3700 Teilnehmer aus verschiedenen Ländern bewerteten unterschiedliche Begriffe auf Verständlichkeit und Aussagekraft im Bezug zum Thema KI. Am häufigsten wurde KI mit dem Begriff „AI Generated" assoziiert. Es wurde als besonders klar und treffend angesehen.

Darüber hinaus ist auch die Wirkung einer Kennzeichnung in spezifischen Branchen entscheidend. Insbesondere in visuell geprägten Produktkategorien wie der Mode spielt die Kennzeichnung eine wichtige Rolle. Rhee und Lee (2023) führten hierzu ein Online-Experiment mit realitätsnahen Fashion-Anzeigen durch und zeigten, dass gekennzeichnete Anzeigen als weniger aufwendig produziert wahrgenommen wurden. Ähnliche Effekte fanden To et al. (2025) im Luxussegment, wo sie die Wirkung von KI-gekennzeichneten Anzeigen für Luxusmarken untersuchten. Auch hier wurden solche Anzeigen aufgrund des wahrgenommenen geringen Produktionsaufwands negativ bewertet.

Die Wirkung von KI-Kennzeichnungen beschränkt sich nicht auf Konsumgüter, sondern ist auch im Dienstleistungsbereich relevant. Eine Studie von Grigsby et al. (2025) hat gezeigt, wie sensibel Konsumenten auf die Darstellung KI-generierter Personen in Dienstleistungsanzeigen reagieren. In einem Experiment wurde ein Zahnarzt entweder als reales Foto oder als KI-generiertes Bild gezeigt, jeweils mit und ohne Kennzeichnung. Wurde klar erkannt, dass es sich um eine künstlich erzeugte Person handelte, sank das Vertrauen der Konsumenten spürbar. Als möglicher Grund wurde erwähnt, dass bei künstlichen Personen der persönliche Bezug fehlt und dadurch Vertrauen verloren geht.

Ein weiterer Blick lohnt sich auf den Bereich Social Media. Wittenberg et al. (2025) befragten dazu online über 4000 Personen in den USA, die verschiedene Social-Media-Posts mit KI-generierten Personen sahen, jeweils mit und ohne Kennzeichnung. Die Ergebnisse zeigen, dass gekennzeichnete Inhalte deutlich weniger Interaktionen wie Teilen, Liken oder das Aufrufen weiterführender Informationen erzielten. Die bisherigen Studien deuten darauf hin, dass eine Kennzeichnung in KI-generierter Werbung insgesamt eher negativ wahrgenommen wird.

Neben der Forschung tragen vor allem große Plattformen und Marken dazu bei, in der Praxis Standards zu etablieren. TikTok führte 2023 Labels ein, mit denen Nutzer KI-Inhalte wie Bilder, Videos oder Audios kennzeichnen können. Darüber hinaus setzt die Plattform auf eine automatische Erkennung und Markierung von KI-Inhalten. Diese Maßnahmen sollen helfen, irreführende Inhalte zu verhindern und mehr Transparenz zu schaffen (TikTok, 2023). Ähnlich verfolgt auch Meta diesen Ansatz und kündigte im Februar 2024 an, KI-generierte Bilder auf Facebook, Instagram und Threads klar zu kennzeichnen. Ziel ist es, Nutzer transparent über den Ursprung der Inhalte zu informieren und Vertrauen zu stärken (Meta, 2024).

Während Plattformen wie TikTok und Meta die Rahmenbedingungen für die Kennzeichnung KI-generierter Inhalte schaffen, zeigen Marken, wie der praktische Umgang damit aussehen kann. Ein Beispiel ist Coca-Cola. Im November 2024 veröffentlichte das Unternehmen auf YouTube den Spot „The Holiday Magic is Coming" (Coca-Cola, 2024). Das 30-sekündige Video ist vollständig KI-generiert. Am Anfang wird für drei Sekunden der Hinweis „*Created by Real Magic AI" eingeblendet (Coca-Cola, 2024). Obwohl der Spot in der Presse gemischte Reaktionen auslöste, gilt die Kampagne aufgrund der eingeblendeten Kennzeichnung als positives Beispiel für den verantwortungsvollen Umgang mit KI-generierten Inhalten. Auch kreative Formen der Kennzeichnung sind möglich, wie die Kampagne A. I. Ketchup von Heinz aus dem Jahr 2022 zeigt. Anstatt auf einen klassischen Hinweis zu setzen, integrierte Heinz den Schriftzug „This is what ketchup looks like to A. I." (Campaigns of the World, 2022). Damit wurde subtil, aber erkennbar auf den Einsatz von Künstlicher Intelligenz hingewiesen. Die Kampagne gilt als innovatives Beispiel dafür, wie sich KI-Kennzeichnung kreativ in die Markenkommunikation einfügen lässt (Campaigns of the World, 2022). Aus Marketingsicht war die Aktion ein Erfolg. Die Kampagne erreichte

Abb. 3.1 KI-Label von SMG

weltweit über 1,15 Mrd. Menschen und erzielte ein mediales Echo, das dem 25-Fachen des eingesetzten Werbebudgets entsprach. Auf Social Media stiegen die Interaktionen mit der Kampagne um 38 %. Zusätzlich brachte Heinz Sondereditionen mit KI-designten Ketchupflaschen auf den Markt (Marketing Maverick, 2025). Die Aktion zeigt eindrucksvoll, wie eine kreative und transparente Auseinandersetzung mit KI in der Werbung sowohl die Reichweite als auch die Markenbindung deutlich stärken kann.

Neben großen Kampagnen gibt es auch praxisorientierte Lösungen. So entwickelte die Swiss Marketplace Group (SMG) im Jahr 2024 ein eigenes, vielseitig einsetzbares KI-Label (siehe Abb. 3.1). Es steht allen Unternehmen durch die Creative Commons-Lizenz kostenfrei zur Verfügung und kann flexibel in Kampagnen integriert werden, entweder als Icon allein oder in Kombination mit Text in verschiedenen Farben. Ziel ist es, für mehr Transparenz gegenüber Konsumenten zu sorgen (SMG, 2024).

Die aktuellen Entwicklungen und Praxisbeispiele verdeutlichen, wie wichtig klar erkennbare Kennzeichnungen sind. Ihre Wirkung hängt jedoch stark vom jeweiligen Kontext ab. Gleichzeitig fehlen bislang einheitliche Standards und fundierte Erkenntnisse darüber, wie verschiedene Formen der Kennzeichnung wirken. Vor diesem Hintergrund widmet sich der folgende Abschnitt einer eigenen empirischen Untersuchung. Er analysiert systematisch, wie unterschiedliche Kennzeichnungsarten in verschiedenen Branchen wahrgenommen werden und welche Handlungsempfehlungen sich daraus für die Markenkommunikation ableiten lassen.

3.3 Eine branchenübergreifende Studie zur Transparenz KI-generierter Werbung

Unternehmen stehen heute vor der Herausforderung, KI-generierte Inhalte in der Werbung transparent zu kennzeichnen. Doch wie genau diese Kennzeichnung aussehen sollte, ist bislang nicht klar geregelt. Der EU AI Act schafft zwar einen ersten rechtlichen Rahmen, doch konkrete Vorgaben zur Umsetzung fehlen bislang. Gleichzeitig zeigen Studien und Praxisbeispiele, dass Konsumenten Transparenz erwarten. Sie reagieren jedoch je nach Kontext, Branche und Inhalt unterschiedlich darauf. Vor diesem Hintergrund wurde ein Online-Experiment durchgeführt, das untersuchte, wie verschiedene Kennzeichnungsarten, entweder ein Icon allein oder eine Kombination mit einem Disclaimer, die Wahrnehmung von KI-Werbung beeinflussen.

Ziel der Analyse war es, herauszufinden, ob und wie eine Kennzeichnung in den Bereichen Lebensmittel, Mode und Technologie sinnvoll eingesetzt werden kann. Im Fokus standen zwei Aspekte: Die jeweilige Wirkung auf das Vertrauen in die Marke und die Bereitschaft zur Interaktion, etwa durch Likes, Kommentare oder das Teilen von Inhalten. Es wurde angenommen, dass eine Kennzeichnung das Markenvertrauen schwächen und die Interaktionsbereitschaft verringern könnte. Außerdem wurde erwartet, dass Menschen mit hoher Technikaffinität Kennzeichnungen offener gegenüberstehen, der Marke eher vertrauen und aktiver interagieren (Dorsch & Deroy, 2025). Zusätzlich wurde geprüft, ob sich diese Effekte je nach Branche unterscheiden.

Die Studienteilnehmer wurden zufällig einer der drei Versuchsgruppen zugewiesen und sahen ausschließlich Werbeanzeigen mit der jeweiligen Kennzeichnungsvariante (siehe Abb. 3.2):

Abb. 3.2 Varianten der Kennzeichnung: Icon-Kennzeichnung (links), Icon-Disclaimer-Kennzeichnung (Mitte) und ohne Kennzeichnung (rechts)

3.3 Eine branchenübergreifende Studie zur Transparenz ...

(a) Gruppe 1: Werbung mit KI-Icon Kennzeichnung
(b) Gruppe 2: Werbung mit KI-Icon-Disclaimer Kennzeichnung
(c) Gruppe 3: Werbung ohne Kennzeichnung

Zu Beginn beantworteten alle Teilnehmer Fragen zu soziodemografischen Merkmalen sowie zu ihrer Technikaffinität mittels des ATI-Fragebogen nach Franke et al. (2018). Danach bewerteten die Teilnehmer je eine Werbeanzeige aus den Bereichen Lebensmittel, Mode und Technologie für drei fiktive Marken (siehe Abb. 3.3). Für jede Anzeige beurteilten sie das Vertrauen in die Marke anhand der Skala von Esch et al. (2016) sowie ihre Interaktionsbereitschaft mithilfe der CESBC-Skala nach Schivinski et al. (2016). Am Ende sahen alle Teilnehmer alle drei Kennzeichnungsvarianten jeweils für die drei Branchen und gaben an, welche Variante sie persönlich bevorzugten. Die Online-Befragung erfolgte über die Plattform Appinio.

Die Stichprobe umfasste 151 Teilnehmer mit einem ausgewogenen Verhältnis von Frauen und Männern. Rund die Hälfte der Befragten war zwischen 24 und 39 Jahre alt. Ältere Teilnehmer bis 55 Jahre waren seltener vertreten. Beim monatlichen Haushaltsnettoeinkommen stellte die Gruppe mit 2501 € bis 3500 € den größten Anteil. Sehr hohe Einkommen ab 4500 € kamen dagegen seltener vor (siehe Abb. 3.4). Die Teilnehmer wurden gleichmäßig auf die drei Testgruppen verteilt.

Abb. 3.3 Verwendete Werbeanzeigen der Branchen Lebensmittel (links), Mode (Mitte) und Technologie (rechts)

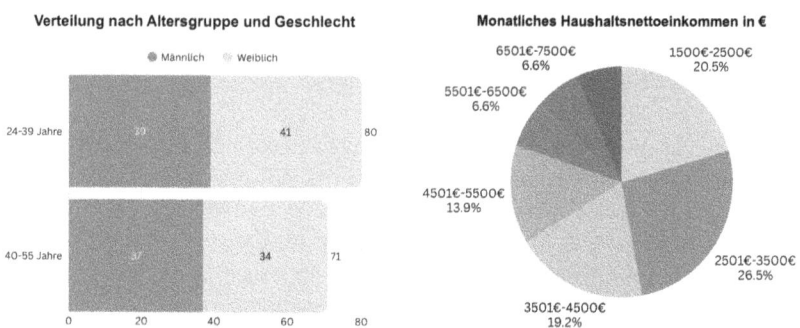

Abb. 3.4 (a) Links: Altersgruppen und Geschlechterverteilung der Stichprobe, (b) Rechts: Verteilung der monatlichen Haushaltsnettoeinkommen in Euro (prozentuale Angaben)

Die Ergebnisse zeigten klar, dass Konsumenten unterschiedliche Vorlieben bei der Kennzeichnung von KI-generierter Werbung haben. Die drei Varianten – ohne Kennzeichnung, mit Icon und mit Icon-Disclaimer – wurden deutlich unterschiedlich bewertet (p < ,001). Über alle Branchen hinweg ergab sich ein recht eindeutiges Muster: Werbung ohne Kennzeichnung wurde insgesamt am wenigsten bevorzugt und landete am häufigsten auf dem letzten Platz. Die Icon-Kennzeichnung wurde überwiegend auf Platz 2 gewählt und galt als neutrale, akzeptierte Lösung. Die Icon-Disclaimer-Kennzeichnung zeigte eine ausgeglichene Verteilung über alle Plätze, mit einer leichten Tendenz zu Platz 2. Sie wurde als flexibel einsetzbar wahrgenommen. Ein Blick in die einzelnen Branchen macht diese Unterschiede noch deutlicher. Werbung ohne Kennzeichnung schnitt in den Branchen Lebensmittel und Mode am schlechtesten ab, während das Icon als neutrale Lösung bewertet wurde. Im Technologiebereich zeigte sich dagegen eine stärkere Polarisierung, da die fehlende Kennzeichnung sowohl sehr positiv als auch sehr negativ bewertet wurde. Abb. 3.5 illustriert das branchenübergreifende Ranking, sortiert nach Kennzeichnungsart und Rankingplatz.

Zusätzlich zeigte sich, dass eine Kennzeichnung das Markenvertrauen und die Interaktionsbereitschaft in der Gesamtgruppe nicht verringerte. Allerdings bewerteten die 24- bis 39-Jährigen die reine Icon-Kennzeichnung etwas kritischer als die 40- bis 55-Jährigen. Hier sank das Markenvertrauen im Vergleich zur Werbung ohne Kennzeichnung ($p = ,048$).

Die Analyse der Technikaffinität ergab zudem, dass Menschen mit höherer Technikaffinität Marken insgesamt mehr vertrauten ($p = ,002$) und auch eine

3.4 Handlungsempfehlungen für den transparenten Umgang mit KI ...

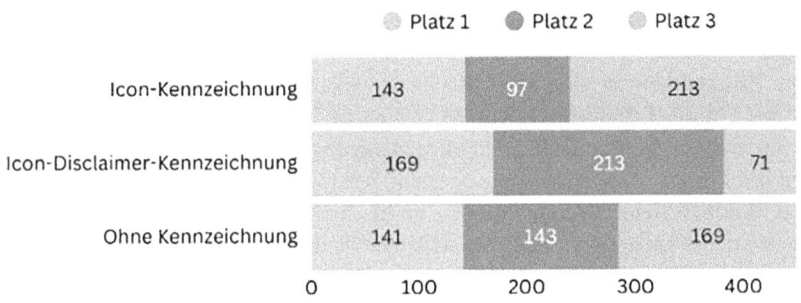

Abb. 3.5 Ranking der Kennzeichnungsarten von Platz 1 bis Platz 3

größere Bereitschaft zeigten, mit Werbung zu interagieren ($p=,012$). Dies lässt vermuten, dass technikaffine Personen den Einsatz von KI besser verstehen und weniger kritisch beurteilen. Allerdings schwächte eine höhere Technikaffinität den Effekt der Kennzeichnung nicht ab und beeinflusste somit weder das Markenvertrauen noch die Interaktionsbereitschaft.

3.4 Handlungsempfehlungen für den transparenten Umgang mit KI in der Werbung

Die Ergebnisse zeigen, dass Verbraucher unterschiedliche Erwartungen an die Kennzeichnung von KI-generierten Inhalten haben und diese auch bewusst unterscheiden. Daraus lassen sich folgende konkrete Empfehlungen für die Praxis ableiten:

Auf eine Kennzeichnung sollte nicht verzichtet werden
Werbung ohne klaren Hinweis wird von Konsumenten insgesamt am wenigsten bevorzugt. Die Icon-Kennzeichnung eignet sich als branchenübergreifend akzeptierte Standardlösung, da sie für Klarheit sorgt, ohne die Zielgruppe zu überfordern. In Kontexten mit höherem Erklärungsbedarf kann ergänzend die Icon-Disclaimer-Kennzeichnung eingesetzt werden. Ihre gleichmäßigere Bewertung zeigt, dass sie flexibel und vielseitig einsetzbar ist.

Zielgruppenspezifische Kennzeichnungsstrategien für KI-generierte Werbung
Die Erwartungen an eine Kennzeichnung variieren je nach Branche und Zielgruppe. In der Lebensmittel- und Modebranche ist eine klare und gut sichtbare Kennzeichnung unverzichtbar. In der Technologiebranche hingegen zeigt sich ein heterogenes Bild. Hier ist eine gezielte Analyse der Zielgruppe entscheidend, um zwischen Kennzeichnung und einem bewussten Verzicht darauf abzuwägen. Neben der Branche spielt auch das Alter der Zielgruppe eine wichtige Rolle. Für die jüngere Altersgruppe zwischen 24 und 39 Jahren empfiehlt sich der Einsatz der Icon-Disclaimer-Kennzeichnung, um dem stärkeren Bedürfnis nach Transparenz gerecht zu werden und das Markenvertrauen gezielt zu fördern.

Transparenz strategisch nutzen: Kennzeichnung als Chance für Markenkommunikation
Eine Kennzeichnung senkt weder das Markenvertrauen noch die Interaktionsbereitschaft auf Social Media. Marken können dies gezielt nutzen, um sich klar für die Aufklärung der Konsumenten beim Thema KI zu positionieren. Darüber hinaus bietet eine Kennzeichnung kreative Spielräume: Wird sie gestalterisch in Werbemittel oder Produktdesign integriert, schafft sie nicht nur Transparenz, sondern unterstreicht auch die Markenbotschaft wirkungsvoll.

Insgesamt wird deutlich, dass es keine Einheitslösung für die Kennzeichnung KI-generierter Inhalte gibt. Unternehmen müssen ihre Strategien an die Erwartungen und Bedürfnisse ihrer Zielgruppen anpassen. Die Anforderungen an eine transparente Kennzeichnung werden in Zukunft weiter steigen, sowohl durch gesetzliche Vorgaben als auch durch wachsende Erwartungen der Konsumenten. Diese werden immer genauer darauf achten, wie offen Marken mit dem Einsatz von KI umgehen. Gerade in Bereichen wie Luxus, Mode oder Lebensmittel wird eine klare Kennzeichnung zur neuen Norm.

Auch die Gesetzeslage wird sich weiterentwickeln. Mit dem EU AI Act ist ein erster Schritt getan, doch künftige Vorschriften werden präziser und international abgestimmt sein. Unternehmen müssen sich daher nicht nur auf einheitliche Kennzeichnungspflichten einstellen, sondern auch auf detaillierte Anforderungen an die konkrete Gestaltung dieser Hinweise. Verstöße können rechtliche Konsequenzen und Reputationsschäden nach sich ziehen, besonders in Zeiten sozialer Medien.

Für Unternehmen ergibt sich daraus die Notwendigkeit, Zielgruppen, Branchenanforderungen und Kommunikationskanäle sorgfältig zu analysieren. So kann eine passende Kennzeichnungsstrategie entwickelt werden. Transparenz ist dabei kein Hindernis, sondern eine Chance. Sie stärkt Vertrauen, signalisiert Verantwortungsbewusstsein und macht den Einsatz von KI zu einem Bestandteil moderner Markenkommunikation.

Literatur

Appinio (2024, August 08). *KI in der Werbung: 81 % der Deutschen fordern klare Kennzeichnung.* Pressemitteilung. https://www.appinio.com/de/pressemitteilungen/ki-werbung.
Campaigns of the World. (2022, 17 August). *Heinz A. I. Ketchup: Just like humans, A. I. prefers Heinz* [Webseite]. https://campaignsoftheworld.com/digital-campaigns/heinz-a-i-ketchup/.
Coca-Cola. (2024). *The holiday magic is coming.* YouTube. https://www.youtube.com/watch?v=4RSTupbfGog.
Dorsch, J., & Deroy, O. (2025). The impact of labeling automotive AI as trustworthy or reliable on user evaluation and technology acceptance. *Scientific Reports, 15,* 1481. https://doi.org/10.1038/s41598-025-85558-2.
Epstein, Z., Fang, M. C., Arechar, A. A., & Rand, D. G. (2023, July 28). What label should be applied to content produced by generative AI?, 5–9. https://doi.org/10.31234/osf.io/v4mfz.
Esch, F.-R., Rühl, V., & Baumgartl, C. (2016). Messung des Markenvertrauens. *In Handbuch Markenführung. Springer eBooks,* 1–16. https://doi.org/10.1007/978-3-658-13361-0_66-1.
Europäische Union (2024, June 13). *Verordnung (EU) 2024/1689 des Europäischen Parlaments und des Rates vom 13. Juni 2024 zur Festlegung harmonisierter Vorschriften für künstliche Intelligenz und zur Änderung der Verordnungen (EG) Nr. 300/2008, (EU) Nr. 167/2013, (EU) Nr. 168/2013, (EU) 2018/858, (EU) 2018/1139 und (EU) 2019/2144 sowie der Richtlinien 2014/90/EU, (EU) 2016/797 und (EU) 2020/1828 (Verordnung über künstliche Intelligenz),* 82. https://eurlex.europa.eu/eli/reg/2024/1689/oj.
Franke, T., Attig, C., & Wessel, D. (2018). A personal resource for technology interaction: Development and validation of the affinity for technology interaction (ATI) Scale. *International Journal of Human-Computer Interaction, 35*(6), 456–467. https://doi.org/10.1080/10447318.2018.1456150.
Getty Images. (2024) *Building Trust in the Age of AI.* 1–23. http://reports.gettyimages.com/VisualGPS-Building-Trust-In-AI.pdf.
Grigsby, J., Michelsen, M., & Zamudio, C. (2025). Service ads in the era of generative AI: Disclosures, trust, and intangibility. *Journal of Retailing and Consumer Services, 84.* https://doi.org/10.1016/j.jretconser.2025.104231.
Industrie- und Handelskammer Berlin. (2025). *Total Transparency.* IHK Berlin. https://www.ihk.de/berlin/nachhaltige-wirtschaft/was-bedeutet-nachhaltigkeit/nh-glossar-total-transparency-5553796.
Marketing Maverick. (2025, April 15). *What If a Condiments Brand Use AI? Heinz used it in a way we can't imagine.* Marketing Maverick. https://marketingmaverick.io/p/ai-ketchup-marketing-strategy-by-heinz.

Meta (2024, Februar 6). *Labeling AI-Generated Images on Facebook, Instagram and Threads*. Meta. https://about.fb.com/news/2024/02/labeling-ai-generated-images-on-facebook-instagram-and-threads/.

Rhee, H., & Lee, K.-H. (2023). *Generative AI Disclosure in Fashion Marketing: A Tectonic Shift in the Advertising Landscape*. 2. https://doi.org/10.31274/itaa.17359.

Schivinski, B., Christodoulides, G., & Dabrowski, D. (2016). Measuring consumers' engagement with brand-related social-media content: Development and validation of a scale that identifies levels of social-media engagement with brands. *Journal of Advertising Research, 56*(1), 1–18. https://doi.org/10.2501/JAR-2016-004.

Schuster, S. (2024). *AI-Humans in Brand Communication: Potenziale, Herausforderungen und Konsumentenperspektiven*. https://cdn.prod.website-files.com/63cafdabb04c4f0d4d5116bb/66eaaed76f4f026ec2e88cc1_2024_Study_AI-Humans_by-WongDoody.pdf.

Swiss Marketplace Group. (2024). *Guideline for Handling AI-generated Visuals for Marketing at SMG*. Swiss Marketplace Group. https://swissmarketplace.group/ai-label/.

TikTok. (2023, September 19). *New labels for disclosing AI-generated content*. Tiktok. https://newsroom.tiktok.com/en-us/new-labels-for-disclosing-ai-generated-content.

To, R. N., Wu, Y.-C., Kianian, P., & Zhang, Z. (2025). When AI doesn't sell prada: Why using AI-generated advertisements backfires for luxury brands. *Journal of Advertising Research, 65*(2), 202–236. https://doi.org/10.1080/00218499.2025.2454120.

Wittenberg, C., Epstein, Z., Péloquin-Skulski, G., Berinsky, A. J., & Rand, D. G. (2025). *Labeling AI-generated media online*. PNAS Nexus, 4(6), 2–4. https://doi.org/10.1093/pnasnexus/pgaf170.

4 Emotionale Markenbindung in der KI-gestützten Markenkommunikation

Die Ergebnisse dieses Kapitels entstanden in einem fakultätsübergreifenden Forschungsprojekt an der Hochschule der Medien Stuttgart unter Mitwirkung von Nya Ehrchen, Jana Gutman, Sara Azh und Asli Sahinoglu.

Zusammenfassung

Der Einsatz von KI-generierten Menschen in der Markenkommunikation wirft Fragen zur emotionalen Wirkung auf Konsumenten auf. In einer quantitativen Studie wurde untersucht, ob die Nutzung KI-generierter Menschen in der Werbung die emotionale Markenbindung beeinflusst. Die Ergebnisse zeigen: Die Nutzung von AI Humans reduziert weder das Vertrauen noch die affektive Bindung zur Marke. Für Marken bietet dies Chancen, KI kreativ und transparent einzusetzen, ohne emotionale Verluste befürchten zu müssen. ◄

4.1 Grundlagen emotionaler Markenbindung durch KI-generierte Inhalte

Werbung soll heute mehr leisten als nur Aufmerksamkeit erzeugen, sie soll Emotionen wecken und eine Verbindung zur Marke schaffen. Durch technologische Entwicklungen wie künstliche Intelligenz verändert sich, wie Marken mit Menschen kommunizieren. Damit stellt sich die Frage: Wie entsteht die Nähe zur Marke, wenn Gesichter und Geschichten zunehmend künstlich erzeugt werden?

Eine zentrale Rolle spielt dabei das Konzept der emotionalen Markenbindung, auch bekannt als Emotional Brand Attachment (EBA). Sie ist ein zentraler Faktor, der maßgeblich die Loyalität und Überzeugung der Konsumenten beeinflusst. Park et al. (2010) zeigen, dass Konsumenten mit einer starken emotionalen Bindung zu einer Marke eher bereit sind, persönliche Ressourcen wie Geld, Zeit und Energie für diese Marke einzusetzen. In Märkten mit hoher Produktähnlichkeit und einer Flut an Informationen wird eine starke emotionale Bindung zum entscheidenden Differenzierungsmerkmal. Sie ermöglicht es Marken, sich emotional abzuheben und jenseits rationaler Kriterien wie dem Preis Vertrauen und Wiedererkennung aufzubauen (Kapferer, 2012). EBA wird damit nicht nur zu einem Indikator für Konsumentenverhalten, sondern zu einem zentralen Ziel strategischer Markenführung. Werbung kann dabei eine entscheidende Rolle spielen: Sie kann gezielt emotionale Reize setzen und erste emotionale Beziehungserfahrungen zwischen Konsumenten und Marke anstoßen (Meenaghan, 1995).

Immer mehr Unternehmen nutzen generative KI zur Gestaltung von Werbebildern und Kampagnen. Gerade im Kontext der Markenbindung ist es jedoch essenziell, dass Marken eine Balance finden zwischen technologischer Innovation und der Wahrung ihrer eigenen Werte. Coca-Cola hat 2024 seinen erfolgreichen Weihnachtsspot „Holidays Are Coming" aus dem Jahr 1995 mit KI neu interpretiert und generiert. Obwohl der Einsatz von KI in diesem Zusammenhang in den sozialen Netzwerken durchaus kritisch diskutiert wurde (Loh, 2025), zeigte eine Analyse der Marktforschungsfirma System1, dass der Spot eine hohe Wiedererkennbarkeit aufweist und überwiegend positive emotionale Reaktionen bei Konsumenten auslöst (System1 Group, o. D.; Tindall, 2024). In diesem Fall sind es jedoch nicht reale Menschen, die Emotionen vermitteln, sondern vertraute Bildwelten, ikonische Musik und die gezielte Reproduktion eines Gefühls, das viele aus ihrer Kindheit kennen. Verstärkend wirkt zudem, dass den Betrachtenden nicht offengelegt wurde, dass es sich um ein KI-generiertes Video handelt.

Anders verhält es sich bei einem Werbebild, welches das Queensland Symphony Orchestra (QSO) Anfang 2024 auf Facebook veröffentlichte. Im Mittelpunkt steht hier ein Paar, das den Konzertbesuch sichtbar genießt (Loh, 2025). Grundsätzlich ist es nichts Neues, dass diese Markenbotschafter und Werbebilder inzwischen künstlich sind. Bildbearbeitungsprogramme werden bereits seit Langem eingesetzt, um Darstellungen an gängige Schönheitsideale anzupassen. Dabei kommt es teilweise zu einer derart starken Veränderung der Aufnahmen, dass die ursprünglichen Models den fertigen Werbebildern nur noch in geringem Maße ähneln (Taylor et al., 2018). Diese nachträgliche Bearbeitung realer Personen ist längst gängige Praxis. Der Einsatz von AI Humans wirft jedoch die Frage auf, ob diese Form der Markeninszenierung vergleichbare emotionale Wirkungen erzielt wie klassische Werbung mit echten Menschen. Im Fall des QSO gab es Kritik, unter anderem aufgrund der mangelhaften Darstellung der gezeigten Personen. Insbesondere in einem Bereich, der eng mit Kunst und Emotionen verknüpft ist, wurde eine größere Solidarität mit den Kunstschaffenden erwartet, da diese durch den Einsatz von KI potenziell verdrängt werden könnten (Loh, 2025). Solche Beispiele zeigen, dass die Wirkung von AI Humans in der Werbung nicht allein von ihrer technischen Qualität abhängt, sondern stark vom Kontext und dem Bewusstsein der Betrachter über den KI-Ursprung der Inhalte geprägt ist.

4.2 Wirkmechanismen von KI-generierten Menschen in der Werbung

Die Wirkung von Werbung mit AI Humans auf die emotionale Markenbindung ist bislang kaum erforscht. In der Literatur lassen sich jedoch einige psychologische und kommunikative Effekte identifizieren, die für die Markenkommunikation besonders relevant sind. Der Einsatz von AI Humans in der Markenkommunikation bewegt sich in einem Spannungsfeld. Auf der einen Seite stehen erhebliche Potenziale für Effizienz, Personalisierung und kreative Inszenierung. Auf der anderen Seite birgt die Technologie nicht zu unterschätzende Risiken, insbesondere für die emotionale Markenbindung. Ein zentraler Treiber dieser Entwicklung ist der technologische Fortschritt, der neue Möglichkeiten eröffnet, aber zugleich ethische und kommunikative Herausforderungen mit sich bringt (Gröppel-Klein & Franke, 2023).

Der sogenannte Uncanny-Valley-Effekt beschreibt das Phänomen, dass menschenähnliche, aber nicht vollständig realistische Darstellungen, wie es bei AI Humans der Fall sein kann, bei Betrachtern Unbehagen oder Ablehnung auslösen (Mori, 1970, zitiert nach Gröppel-Klein & Franke, 2023). Dieser Effekt tritt in der aktuellen Entwicklungsphase noch in zu vielen Fällen auf: AI Humans können zu perfekt oder künstlich wirken, was die emotionale Akzeptanz von Konsumenten deutlich stören kann (Gröppel-Klein & Franke, 2023). Mit dem Fortschritt in der Bildgenerierungstechnologie könnten die negativen Effekte des Uncanny Valley zunehmend gemildert werden. So arbeitet beispielsweise das Unternehmen Realbotix an einem Vision-System, das die emotionale Reaktion seines Gegenübers erkennt und daraufhin die Mimik des humanoiden Roboters natürlicher gestaltet (Realbotix Corp, 2025). Das ist ein Ansatz, der darauf abzielt, das Unbehagen gegenüber künstlich generierten Menschen zu verringern (Bünte, 2025). Auch im Bereich der KI-generierten Bildwelten zeigt sich ein klarer Trend zur Verbesserung von Realismus und Detailtreue. Generative KI-Tools wie Midjourney, ChatGPT oder Adobe Firefly liefern bereits heute visuelle Ergebnisse, die immer seltener den Uncanny-Valley-Effekt auslösen. Dabei sind wir noch in einer frühen Phase der technologischen Entwicklung, wodurch das künftige Potenzial noch deutlicher wird (Dadson, 2025).

Sobald es gelingt, die Irritationen zu minimieren, die durch übermäßig künstlich wirkende, aber menschenähnliche Erscheinungsbilder entstehen, können die zentralen Stärken von AI Humans ihr volles Potenzial in der Markenkommunikation entfalten. Anders als reale Models oder Influencer können AI Humans vollständig markenkonform, skandalfrei und konsistent agieren (Thomas & Fowler, 2020). Sie bieten damit ideale Voraussetzungen für den langfristigen Aufbau einer klar positionierten Markenpersönlichkeit. Besonders relevant wird in diesem Zusammenhang die Möglichkeit, parasoziale Beziehungen zwischen Konsumenten und AI Humans zu etablieren (Maeda & Quan-Haase, 2024). Solche Beziehungen sind einseitige emotionale Bindungen, wie man sie von Prominenten oder Medienfiguren kennt, das Gefühl, eine Person zu kennen, ohne ihr je persönlich begegnet zu sein (Maeda & Quan-Haase, 2024). Sobald eine solche Verbindung entsteht, können weitere psychologische Effekte die Markenbindung zusätzlich verstärken:

- **Mimetic Desire** Wünsche entstehen durch die Beobachtung und Nachahmung anderer. Etwa, wenn ein AI Human ein Produkt nutzt, das dadurch begehrlich wirkt. Besonders in sozialen Medien können AI Humans wie zum Beispiel virtuelle Influencer auftreten, die attraktive Lebensstile und Trends inszenieren. Dies verstärkt bei Konsumenten das Bedürfnis, deren Verhalten nachzuahmen, bewusst oder unbewusst und beeinflusst so Kaufentscheidungen (Patil & Bharathi, 2024).
- **CASA-Paradigma** (Computers as Social Actors): Menschen neigen dazu, Technologien wie soziale Akteure zu behandeln. Sie interagieren mit AI Humans, als wären es reale Personen (Reeves & Nass, 1996).

Diese Mechanismen können die emotionale Markenbindung und Kaufabsicht der Kunden signifikant beeinflussen, ein Effekt, der nicht unterschätzt werden sollte. Ein anschauliches Beispiel hierfür bietet die IKEA-Kampagne „Imma's Room" in Tokio (Marx, 2024; Wieden+Kennedy Tokyo, 2020). Die virtuelle Influencerin Imma, eine KI-generierte Persönlichkeit mit großer Reichweite, wurde in einem realen IKEA-Appartement inszeniert, welches für Passanten sichtbar war. Über Bildschirme und soziale Medien vermittelte sie einen stilisierten, aber alltagsnahen Lebensstil, der junge Zielgruppen emotional ansprach. Die Kampagne zeigt, wie AI Humans nicht nur Produkte in Szene setzen, sondern durch

4.2 Wirkmechanismen von KI-generierten Menschen in der Werbung

glaubwürdige Alltagsinszenierungen die Nachahmungsbereitschaft der Konsumenten gezielt aktivieren können. Dies ist ein Effekt, der sowohl auf dem CASA-Paradigma als auch auf dem Mimetic Desire beruht.

Vertrauen braucht Authentizität
Die Forschung zeigt allerdings auch klare Grenzen, die bei Missachtung auch hohe negative Auswirkungen nicht nur auf die emotionale Markenbindung, sondern auf die gesamte Wahrnehmung der Marke haben können. Der entscheidende Faktor für eine positive Wirkung von AI Humans ist die wahrgenommene Authentizität. Studien belegen, dass emotional aufgeladene Inhalte, wenn sie als KI-generiert erkannt werden, häufig weniger glaubwürdig wirken (Kučinskas, 2025). Daraus resultiert ein Vertrauensverlust mit negativen Folgen für relevante Zielgrößen der Markenführung wie Loyalität, Weiterempfehlung und Kaufbereitschaft (Patil & Bharathi, 2024). Dieser Effekt ist allerdings wieder umkehrbar. Wird transparent kommuniziert, dass eine KI zum Einsatz kommt und/oder ist die Botschaft glaubwürdig im Sinne der Markenwerte, kann das Vertrauen erhalten bleiben. Auch spielt die Art der Botschaft eine Rolle: Sachliche Informationen werden eher akzeptiert als stark emotionalisierte Aussagen (Patil & Bharathi, 2024).

Ein besonders sensibles Thema ist allerdings der Einsatz von AI Humans zur Darstellung gesellschaftlicher Diversität. Es zeigt sich, dass marginalisierte Gruppen, etwa LGBTQIA+-Personen oder Menschen mit Behinderung, oft kritisch reagieren, wenn Repräsentation ausschließlich durch KI erfolgt. „Künstliche Vielfalt" ohne Beteiligung realer Menschen kann als symbolisch, nicht authentisch und letztlich entwertend wahrgenommen werden (Patil & Bharathi, 2024). Hier entsteht ein Spannungsfeld zwischen dem Wunsch nach inklusiver Kommunikation und der ethischen Fragwürdigkeit digital erzeugter Identitäten. Misslingt diese Gratwanderung, drohen Vertrauensverlust und das Gefühl sozialer Identitätsbedrohung mit negativen Auswirkungen auf das Markenimage.

Zwei aktuelle Fälle verdeutlichen dieses Risiko: Die populäre Sportzeitschrift Sports Illustrated täuschte reale Autoren vor, obwohl in Wahrheit KI-generierte Persönlichkeiten die Texte verfassten. Ein klarer Bruch der erwarteten Authentizität, der das Vertrauen der Leserschaft massiv beschädigte (McNamara & Sports Illustrated found publishing AI, 2023). Ein noch drastischeres Beispiel war die „Willy's Chocolate Experience" 2024 in Glasgow. Mithilfe von KI-generierten Bildern wurde Kindern und deren Eltern eine Themenwelt-Party im Stil des beliebten Filmes „Charlie und die Schokoladenfabrik" versprochen. Die künstlichen Bilder kündigten ein fantasievolles Markenerlebnis rund um die fantastische Schokoladenfabrik an. „Willkommen in einer Welt, in der Träume wahr werden und an jeder Ecke eine entzückende Überraschung wartet!" (Kröll, 2024). Die

Realität wich jedoch massiv von der Inszenierung ab. Besucher fanden lediglich eine karg ausgestattete Lagerhalle mit Plastikrequisiten und minimaler Versorgung vor. Die Enttäuschung war so gravierend, dass zahlreiche Eltern eine Rückerstattung forderten, Kinder weinten und die Polizei zur Beruhigung der Lage hinzugezogen werden musste (Kröll, 2024). Die vorliegenden Beispiele veranschaulichen, dass der Einsatz von Künstlicher Intelligenz, ohne eine transparente Kommunikation und eine konsistente Übereinstimmung mit den Markenwerten, zur Destabilisierung der emotionalen Glaubwürdigkeit der Marke führen kann. Gerade in emotional aufgeladenen Kontexten, etwa Kindheitserinnerungen, persönlicher Expertise oder kreativer Partizipation ist Authentizität der Schlüssel zur Markenbindung. Die Wahrnehmung, dass Inhalte künstlich generiert wurden, kann bei Konsumenten Irritationen auslösen und das Vertrauen in die Marke schwächen.

Bisherige Forschungsergebnisse deuten darauf hin, dass die wahrgenommene Authentizität ein zentraler Einflussfaktor für die Wirkung von AI Humans in der Markenkommunikation ist. Vor diesem Hintergrund stellt sich die Frage, ob und in welchem Ausmaß deutlich gekennzeichnete, KI-generierte Werbemittel die emotionale Markenbindung beeinflussen, insbesondere im Vergleich zu klassisch produzierten Inhalten mit realen Personen. Diese Fragestellung bildet den Ausgangspunkt für die folgende Studie, deren methodisches Vorgehen im nächsten Abschnitt beschrieben wird.

4.3 Studie zur emotionalen Wirkung von KI-generierten Menschen in der Werbung

In einer Online-Befragung wurde untersucht, ob KI-generierte Werbemittel mit AI Humans die emotionale Bindung zur Marke im Vergleich zu klassisch produzierter Werbung mit realen Personen beeinflussen. Auf Grundlage der bisherigen Forschungsarbeiten wurde angenommen, dass der Einsatz von AI Humans in der Werbung die emotionale Markenbindung nicht signifikant beeinflusst.

Die Studienteilnehmer wurden zufällig einer von zwei Versuchsgruppen zugewiesen. Gruppe 1 erhielt Werbemittel mit dem Hinweis, dass die abgebildeten Personen KI-generiert sind (Gruppe „KI Models"). Gruppe 2 sah dieselben Werbebilder, allerdings ohne KI-Hinweis (Gruppe „Echte Models"). Beide Versuchsgruppen erhielten identische Werbebilder von existierenden Marken mit realen Menschen. Der einzige Unterschied bestand darin, dass die Gruppe „KI-Models" den Hinweis erhielt, die dargestellten Personen seien mithilfe von KI erzeugt worden. Zur visuellen Unterstützung wurde auf jedem Werbebild ein

Icon mit dem Hinweis „KI-generiert" eingeblendet. Durch die Verwendung realer Werbebilder konnten typische Fehler vermieden werden, wie sie bei KI-generierten Bildern häufig auftreten. Dazu zählen anatomische Ungenauigkeiten, unrealistische Hauttexturen oder verzerrte Details an Händen und im Gesicht. Solche Bildfehler entstehen durch sogenannte Halluzinationen der KI und können insbesondere bei detailgenauen oder markensensiblen Anwendungen problematisch sein (Aithal et al., 2024). Ziel der Studie war es, die zukünftigen technischen Möglichkeiten möglichst realitätsnah abzubilden, ohne durch aktuelle technische Limitationen verfälschte Ergebnisse zu riskieren. Die übrige Bildgestaltung sowie alle Marken- und Designelemente blieben unverändert. Ziel war es, die wahrgenommene Künstlichkeit ausschließlich über den kontextuellen Hinweis zu steuern, um mögliche Effekte auf die emotionale Markenbindung isoliert untersuchen zu können.

Um den Einfluss des Markenkontexts zu analysieren, wurden vier bekannte Marken aus unterschiedlichen Branchen ausgewählt: H&M (Mode), Starbucks (Lebensmittel), Apple (Technologie) und L'Oréal (Beauty). Für jede Marke wurden drei bestehende Werbebilder ausgewählt, in denen die Models als zentrales Gestaltungselement zur Bewerbung des Produkts eingesetzt wurden. Bei der Auswahl wurde auf ein ausgewogenes Verhältnis von Frauen und Männern sowie auf ein konsistentes „Look & Feel" geachtet. Mittels sogenannter Screener-Fragen wurde sichergestellt, dass ausschließlich Teilnehmer mit einer bereits positiven Einstellung zur jeweiligen Marke in die Studie aufgenommen wurden und dass die Vergleichbarkeit der Gruppen gewährleistet ist.

Damit ergab sich ein zweifaktorielles Between-Subjects-Design mit den Faktoren Model (KI-Models vs. echte Models) und Marke (H&M [Mode], Starbucks [Lebensmittel], Apple [Technologie] und L'Oréal [Beauty]). So konnte nicht nur der Einfluss des Modeltyps untersucht werden, sondern auch mögliche Unterschiede in der Reaktion auf verschiedene Marken und damit Branchen sowie deren Zusammenspiel (siehe Abb. 4.1).

Die Messung der emotionalen Markenbindung basiert auf dem etablierten Modell von Thomson et al. (2005), welches von Schuster (2016) ins Deutsche übersetzt und validiert wurde. Hierbei wird über eine fünfstufige Likert-Skala die Dimensionen Liebe, Leidenschaft und Verbundenheit gemessen. Zur Prüfung der internen Konsistenz der eingesetzten Skalen für „Liebe", „Verbundenheit" und „Leidenschaft" wurde zunächst Cronbach's Alpha berechnet. Die Ergebnisse zeigen akzeptable bis sehr gute Reliabilitätswerte ($\alpha = ,744$ bis $\alpha = ,879$). Somit kann davon ausgegangen werden, dass die jeweiligen Skalen die zugrunde liegenden Konstrukte zuverlässig erfassen.

	Marke			
	H&M	Starbucks	Apple	L'Oréal
Gruppe 1: KI-Models	n = 50	n = 50	n = 50	n = 50
Gruppe 2: Echte Models	n = 50	n = 50	n = 50	n = 50

Abb. 4.1 Versuchsdesign mit zwei unabhängigen Variablen (Model × Marke)

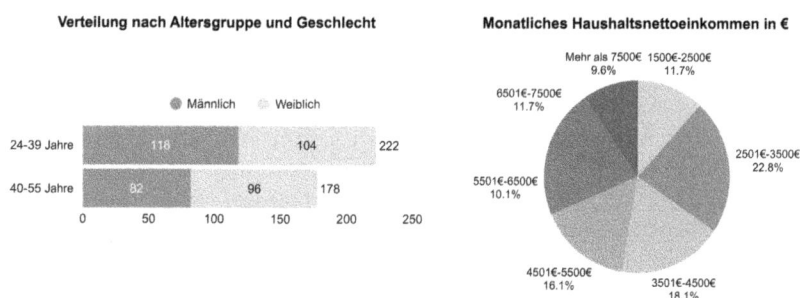

Abb. 4.2 (a) Links: Altersgruppen und Geschlechterverteilung der Stichprobe, (b) Rechts: Verteilung der monatlichen Haushaltsnettoeinkommen in Euro (prozentuale Angaben)

Die Daten wurden mithilfe der Marktforschungsplattform Appinio im Juni 2025 erhoben. Insgesamt wurden 400 Personen befragt. Alter, Geschlecht, höchster Bildungsabschluss sowie das monatliche Haushaltsnettoeinkommen waren bei allen Gruppen gleich verteilt. Die Teilnehmer befanden sich zu gleichen Teilen in den Altersgruppen 24–39, sowie 40–55. Der Anteil weiblicher und männlicher Befragter war mit jeweils 50 % gleich verteilt. Auch beim Haushaltsnettoeinkommen war eine breite Streuung gegeben, sodass die Ergebnisse nicht auf eine eng definierte Zielgruppe beschränkt sind (siehe Abb. 4.2).

Zur Überprüfung der Effekte von Marke und Model (KI-Models vs. echte Models) auf die emotionale Markenbindung wurde eine zweifaktorielle Varianzanalyse (ANOVA) durchgeführt. Die Ergebnisse zeigen einen signifikanten Haupteffekt der Marke, $F(3, 396) = 10,02$, $p < ,001$, $\eta^2_p = ,07$. Dieses Ergebnis deutet darauf hin, dass die emotionale Markenbindung in hohem Maße markenspezifisch ausgeprägt ist.

Zur genaueren Bestimmung der Unterschiede zwischen den Marken wurden Post-hoc-Analysen mit Tukey-HSD-Korrektur durchgeführt. Dabei zeigte sich, dass die emotionale Markenbindung bei H&M signifikant geringer war als bei Apple ($p < ,001$), L'Oréal ($p < ,001$) und Starbucks ($p < ,001$). Zwischen Apple, L'Oréal und Starbucks bestanden hingegen keine signifikanten Unterschiede (alle $p > ,05$).

Für den Faktor Model (KI-Models vs. echte Models) ergab sich kein signifikanter Haupteffekt, $F(1,398) = 0,00$, $p = ,985$, $\eta^2_p = ,00$. Das bedeutet, dass die emotionale Markenbindung nicht davon beeinflusst wurde, ob die dargestellten Personen als KI-generiert oder real beschrieben wurden. Auch die Interaktion zwischen Marke und Model war nicht signifikant, $F(3,392) = 1,18$, $p = ,318$, $\eta^2_p = ,01$, sodass sich kein kombiniertes Einflussmuster feststellen ließ.

Insgesamt zeigen die Ergebnisse, dass der Einsatz von KI-generierten Menschen in der Werbung keinen signifikanten Einfluss auf die emotionale Markenbindung hatte. Dies gilt sowohl im Gesamtdurchschnitt aller Befragten (Haupteffekt Model) als auch im Zusammenspiel mit der jeweils gezeigten Marke (Interaktionseffekt Model × Marke). Die emotionale Wirkung der Werbung blieb somit unabhängig davon, ob die abgebildete Person als künstlich generiert wahrgenommen wurde oder nicht.

4.4 Handlungsempfehlungen: Was Marken beim Einsatz von KI-generierten Menschen beachten sollten

Was bedeuten die Studienergebnisse nun konkret für Unternehmen und Markenverantwortliche in Deutschland? Grundsätzlich zeigt sich: Der Einsatz von AI Humans ist möglich, aber nicht in jedem Kontext sinnvoll. Zwar konnten in unserer Studie keine signifikanten Unterschiede in der emotionalen Markenbindung zwischen AI Humans und echten Models festgestellt werden, doch diese Erkenntnis muss differenziert betrachtet werden.

Unsere Untersuchung basiert auf der Annahme, dass die Qualität KI-generierter Inhalte weiter steigen wird und diese in naher Zukunft visuell nicht mehr von realen Aufnahmen zu unterscheiden sein werden. Ist dieser technische Reifegrad erreicht, bestehen aus operativer Sicht keine grundlegenden Hindernisse mehr für den Einsatz von AI Humans. Entscheidend ist dabei die Frage, unter welchen Bedingungen ihr Einsatz tatsächlich einen Mehrwert bietet. Die Studie zeigt, dass ein expliziter Hinweis auf KI-generierte Inhalte die emotionale Markenbindung weder stärkt noch schwächt. Marken können daher offen und transparent mit dem Einsatz von KI umgehen, ohne eine Verringerung der emotionalen Markenbindung befürchten zu müssen. Dennoch ist ein sensibler Umgang mit AI Humans ratsam, insbesondere in gesellschaftlich relevanten oder stark emotionalisierten Themenfeldern (Patil & Bharathi, 2024).

Unsere Studie zeigte keine signifikanten Unterschiede in der emotionalen Markenbindung zwischen als AI Humans gekennzeichneten Werbebildern und realen Personen, wohl aber zwischen den getesteten Marken. Daraus lässt sich schließen, dass die emotionale Wirkung stärker auf dem bestehenden Markenkern oder Markenimage basiert, unabhängig davon, ob diese durch reale oder KI-generierte Personen vermittelt wird. Bei identischen Experimentalbedingungen zeigen sich Unterschiede in der Markenbindung zwischen Apple und H&M, welches nochmals die entscheidende Rolle der Markenwahrnehmung betont. Der Einsatz von AI Humans kann somit besonders dann erfolgreich sein, wenn er in ein glaubwürdiges und konsistentes Markenerlebnis eingebettet ist. Für weniger stark profilierte Marken empfiehlt sich hingegen eine besonders sorgfältige Prüfung der Wirkung, etwa im Rahmen von Pretests oder A/B-Experimenten.

Wirtschaftlich betrachtet, kann der Einsatz von AI Humans durchaus attraktiv sein: Sie ermöglichen zukünftig nicht nur eine kostengünstigere Produktion, sondern auch eine effiziente, markenkonforme Kommunikation über verschiedene Kanäle hinweg (PwC, 2025).

Unabhängig vom Medium gilt: AI Humans sollten konsequent auf die Markenwerte abgestimmt sein. Eine klar definierte Markenidentität ist die Grundvoraussetzung für glaubwürdige digitale Markenbotschafter. Auch ein virtueller Charakter kann sympathisch und nahbar wirken, wenn er mit Empathie, Charme und Authentizität gestaltet wird. Je natürlicher die Inszenierung, desto höher ist die Akzeptanz, so überzeugen alltagsnahe Szenarien stärker als übertrieben dargestellte Werbewelten. Gleichzeitig sollten kulturelle Kontexte und Zielgruppen Erwartungen bei Sprache, Ästhetik und Botschaft berücksichtigt werden (Patil & Bharathi, 2024).

Bei aller gestalterischen Flexibilität dürfen die Grenzen der Nutzung von AI Humans nicht übersehen werden. In Bereichen, in denen Empathie, Glaubwürdigkeit und soziale Verantwortung im Mittelpunkt stehen, etwa bei der Krisenkommunikation oder bei sensiblen Themen wie Inklusion und Diversität, sollten AI Humans nur mit großer Vorsicht oder gar nicht eingesetzt werden (Patil & Bharathi, 2024).

Abschließend kann festgehalten werden, dass die emotionale Markenbindung durch AI Humans möglich ist, aber sie gelingt nicht automatisch. Entscheidend ist, dass der Einsatz zur Marke passt und von der Zielgruppe als glaubwürdig empfunden wird. Ein zentrales Ergebnis der Studie ist, dass AI Humans im Hinblick auf die emotionale Markenbindung mit realen Personen in Werbebildern vergleichbar abschneiden. Daraus ergeben sich neue Potenziale für eine konsistente und personalisierte Markenkommunikation. Wer das Potenzial von AI Humans voll ausschöpfen möchte, braucht ein feines Gespür für Zielgruppen, kulturelle Kontexte und die ethischen Grenzen moderner Markenführung.

Literatur

Aithal, S. K., Maini, P., Lipton, Z. C., & Kolter, J. Z. (2024). Understanding Hallucinations in Diffusion Models through Mode Interpolation. *arXiv (Cornell University).* https://doi.org/10.48550/arxiv.2406.09358.

Bünte, O. (2025, 18 Februar). *Gegen den „Uncanny Valley"-Effekt: KI-Vision-System macht Roboter lebensechter.* Heise Online. https://www.heise.de/news/Realbotix-KI-Vision-System-macht-humanoide-Roboter-realistischer-10286284.html.

Dadson, C. (2025, 28 Juni). *Uncanny Valley: Wenn das Fast-Menschliche unheimlich wird.* Design4Real. https://design4real.de/uncanny-valley/.

Gröppel-Klein, A., & Franke, C. (2023). Die Verwischung der Grenzen zwischen Fiktion und Realität: Der Einsatz virtueller Models in der Markenkommunikation. In M. Kleinaltenkamp, L. Gabriel, J. Morgen, & M. Nguyen (Hrsg.), *Marketing und Innovation in disruptiven Zeiten* (S. 197–211). Springer Gabler. https://doi.org/10.1007/978-3-658-38572-9_11.

Kapferer, J.-N. (2012). *The new strategic brand management: Advanced Insights and Strategic Thinking* (5. Aufl.). Kogan Page.

Kröll, J. (2024, 28 Februar). Willy Wonka: Schokoladen-Event in Glasgow wird zum Reinfall. *stern.de*. https://www.stern.de/kultur/willy-wonka--schokoladen-event-in-glasgow-wird-zum-reinfall--34499970.html.

Kučinskas, N. G. (2025). Revealing AI Involvement in Ad Creation: Effects on Authenticity, Brand Perceptions and Consumer Intentions. *Journal Of Information Systems Engineering & Management, 10*(16s), 727–740. https://doi.org/10.52783/jisem.v10i16s.2659.

Loh, Y. (2025, 20 Februar). *Costly Lessons of AI Misuse in Brand Marketing.* LUXUO. https://www.luxuo.com/business/costly-lessons-of-ai-misuse-in-brand-marketing.html.

Maeda, T., & Quan-Haase, A. (2024). When human-ai interactions become parasocial: Agency and Anthropomorphism in affective design. 2022 ACM conference on fairness. *Accountability, And Transparency, 24*, 1068–1077. https://doi.org/10.1145/3630106.3658956.

Marx, A. (2024, 16 Juli). *Virtuelle Influencerin Imma kooperiert mit Ikea.* MEEDIA. https://meedia.de/news/beitrag/759-virtuelle-influencerin-imma-kooperiert-mit-ikea.html.

McNamara, A. (2023, 29 November). *Sports Illustrated found publishing AI generated stories, photos and authors.* PBS News. https://www.pbs.org/newshour/economy/sports-illustrated-found-publishing-ai-generated-stories-photos-and-authors.

Meenaghan, T. (1995). The role of advertising in brand image development. *Journal Of Product & Brand Management, 4*(4), 23–34. https://doi.org/10.1108/10610429510097672.

Patil, K. P., & Bharathi, S. V. (2024, 5 Juni). *From Pixels to Purchases:The Role of Computer-Generated Imagery and Virtual Influencers in Digital Marketing.* https://doi.org/10.1109/otcon60325.2024.10687965.

Park, C. W., Macinnis, D. J., Priester, J., Eisingerich, A. B., & Iacobucci, D. (2010). Brand attachment and brand attitude strength: Conceptual and empirical differentiation of two critical brand equity drivers. *Journal Of Marketing, 74*(6), 1–17. https://doi.org/10.1509/jmkg.74.6.1.

PwC. (2025, 3 Juni). *AI Jobs Barometer 2025* [Webseite]. https://www.pwc.com/gx/en/issues/artificial-intelligence/ai-jobs-barometer.html.

Realbotix Corp. (2025, 18 Februar). *Realbotix releases Robotic AI Vision System* [Webseite]. https://www.realbotix.ai/news/realbotix-releases-robotic-ai-vision-system/.

Reeves, B., & Nass, C. (1996). *The media equation: How people treat computers, television, and new media like real people and places.* Cambridge University Press.

Schuster, S. K. (2016). Emotionale Markenbindung in sozialen Netzwerken. *Springer Fachmedien.* https://doi.org/10.1007/978-3-658-12241-6.

System1 Group. (o. D.). *Test Your Ad – Ad-Testing-Plattform.* https://testyourad.system1group.com/report/71AAF99B-05F8-4B5E-B425-BDC7F595C83A/summary?reportId=0. Zugegriffen: 19. Juli 2025.

Taylor, C. R., Cho, Y., Anthony, C. M., & Smith, D. B. (2018). Photoshopping of models in advertising: A review of the literature and future research agenda. *Journal Of Global Fashion Marketing, 9*(4), 379–398. https://doi.org/10.1080/20932685.2018.1511380.

Thomas, V. L., & Fowler, K. (2020). Close Encounters of the AI Kind: Use of AI influencers as brand endorsers. *Journal Of Advertising, 50*(1), 11–25. https://doi.org/10.1080/00913367.2020.1810595.

Thomson, M., MacInnis, D. J., & Park, C. W. (2005). The ties that bind: Measuring the strength of consumers' emotional attachments to brands. *Journal Of Consumer Psychology, 15*(1), 77–91. https://doi.org/10.1207/s15327663jcp1501_10.

Tindall, A. (2024). *I was wrong. People love Coca-Cola's AI remake of a Christmas classic.* The Drum. https://www.thedrum.com/opinion/2024/11/15/i-was-wrong-people-love-coca-cola-s-ai-remake-christmas-classic.

Wieden+Kennedy Tokyo. (2020, September). *IKEA Harajuku with imma* [Webseite]. https://www.wk.com/work/ikea-imma-harajuku/.

5 Ethische Implikationen des Einsatzes KI-generierter Menschen in der Werbung

Die Ergebnisse dieses Kapitels entstanden in einem fakultätsübergreifenden Forschungsprojekt an der Hochschule der Medien Stuttgart unter Mitwirkung von Luca Bühler, Lynn Louise Hartmann, Pia Stöhr und Sabrina Schwarz.

Zusammenfassung

Der Einsatz von KI-generierten Menschen in der Werbung wirft zentrale ethische Fragen auf: Wie authentisch kann Vielfalt dargestellt werden, wenn sie künstlich erzeugt ist? Welche Verantwortung tragen Unternehmen beim Einsatz dieser Technologie? Im Folgenden wird analysiert, wie KI bestehende Stereotype verstärken kann, worin die Risiken sogenannter Scheindiversität liegen und wie Werbung ihrer gesellschaftlichen Verantwortung trotzdem gerecht werden kann. ◄

5.1 Diversitätssensible Gestaltung von KI-generierten Menschen

In den letzten Jahren hat Künstliche Intelligenz (KI) enorm an Bedeutung gewonnen. Sowohl privat als auch im beruflichen Kontext steigern wir unsere Effizienz mithilfe der Unterstützung durch künstliche Intelligenz (Dell'Acqua et al., 2023). Besonders im Marketing hat KI das Potenzial, einen tiefgreifenden Wandel herbeizuführen. In einer Branche, die stark auf messbare Ergebnisse und

Performance-Kennzahlen (KPIs) angewiesen ist, ermöglicht KI eine präzisere Analyse, personalisierte Ansprache und vor allem eine signifikante Kostenersparnis. Doch neben der enormen Steigerung der Erfolgschancen durch automatisierte Prozesse, tiefere Insights über Kunden und kürzere Reaktionszeiten (Terstiege 2021, Terstiege et al., 2021), hat sich ein weiterer innovativer Anwendungsfall von KI in der Marketingbranche etabliert: *AI Humans*. Mit dieser Entwicklung rücken jedoch auch ethische Fragestellungen in den Fokus, insbesondere im Hinblick auf die Darstellung von Diversität. Diversität umfasst die Vielfalt aller Menschen mit ihren unterschiedlichen Hintergründen und Erfahrungen. Der Begriff wird in der Literatur jedoch unterschiedlich verwendet: Einige Definitionen fokussieren auf sichtbare und unsichtbare Merkmale wie Geschlecht, Alter, Herkunft oder sexuelle Orientierung, während andere die sozialen und kontextuellen Dimensionen von Diversität betonen. Insgesamt beschreibt Diversität die Verschiedenheit von Menschen und verweist darauf, dass diese Merkmale sozial konstruiert und gesellschaftlich geprägt sind (Shore et al., 2010). Es werden drei Dimensionen unterschieden: die innere Dimension (z. B. Alter, Geschlecht, ethnische Zugehörigkeit), die äußere Dimension (z. B. Bildung, Beruf, Freizeitverhalten) und die organisationale Dimension (z. B. Zugehörigkeit zu Organisationen oder Institutionen). Diversitätssensibilität bedeutet, sich der Vielfalt bewusst zu sein, individuelle Bedürfnisse zu reflektieren und gezielt auf die Stärken und Kompetenzen unterschiedlicher Gruppen einzugehen (LaKoF Hessen, 2020).

Die authentische und faire Repräsentation von Vielfalt ist in der Werbung zu einem bedeutenden Trend geworden. Eine Studie von Numerator (2023) zeigt, dass 63 % der Konsumenten die vielfältige Repräsentation in Werbeanzeigen als wichtig erachten. Setzen Unternehmen zunehmend AI Humans für ihre Werbezwecke ein, wird die Generierung von KI-gestützten Darstellungen, die den Diversitätsstandards der Marken entsprechen, zu einem zentralen Thema für das Marketingmanagement. Daraus ergibt sich die Frage, ob KI überhaupt in der Lage ist, Diversität authentisch und fair abzubilden. Um diese Frage zu beantworten, ist es wichtig, die zugrunde liegenden Mechanismen von KI zu betrachten. Die Reproduktion von Diversität durch KI ist nicht ohne ethische Bedenken möglich, wie ein wissenschaftlicher Befund zeigt: KI kann diskriminierend wirken (Barocas et al., 2023). Die Autoren belegen, dass KI bestehende gesellschaftliche Vorurteile und Ungleichheiten nicht nur widerspiegeln, sondern auch verstärken kann. Im Folgenden wird diese Problematik aus zwei Perspektiven näher beleuchtet.

Um die diskriminierenden Tendenzen der KI nachvollziehen zu können, muss grundlegend verstanden werden, dass KI durch maschinelles Lernen basierend auf großen Datenmengen entwickelt wird (Fraunhofer-Institut für Kognitive Systeme IKS, o. D.). Die Trainingsdaten können aufgrund des großen Umfangs nicht händisch selektiert werden, und spiegeln dadurch ungefiltert die gesellschaftlichen Strukturen wider, aus denen sie stammen (Dethmann & Spiekermann, 2024). Muster im Datensatz, welche möglicherweise gesellschaftliche Ungleichheiten widerspiegeln, werden von KI erkannt und maßgeblich verallgemeinert (O'Neil, 2016).

Des Weiteren spielt neben den strukturellen Verzerrungen (Biases) in den Datensätzen auch die technologische Funktionsweise von KI-Systemen eine zentrale Rolle bei der Verstärkung diskriminierender Tendenzen. Studien zeigen, dass KI Vorurteile nicht nur reproduzieren, sondern diese Biases sogar exponentiell verstärken kann (Glickman & Sharot, 2022). Durch sogenannte algorithmische Feedback-Loops werden einmal erkannte Muster immer wieder neu bestätigt und verstärkt, etwa dann, wenn eine KI bei der Auswahl von Gesichtern für eine Kampagne fortlaufend ähnliche, normierte Erscheinungsbilder priorisiert. So entstehen Biases nicht nur durch die Daten, sondern auch durch die selbstverstärkende Dynamik der KI, was dazu führt, dass eingebettete Vorurteile sich weiter verfestigen und reproduzieren (Glickman & Sharot, 2024). Dadurch entsteht ein sich selbst verstärkender Kreislauf diskriminierender Entscheidungen, der besonders kritisch wird, wenn AI Humans zur Darstellung gesellschaftlicher Vielfalt eingesetzt werden sollen.

Vor dem Hintergrund der belegten Relevanz von Diversität aus Konsumentensicht sowie der technologisch bedingten Reproduktionsmechanismen diskriminierender Strukturen durch KI, wird deutlich, dass die ethisch sensible Darstellung von Diversität durch AI Humans ein zentrales und dringliches Forschungsthema für den Marketingbereich darstellt. Angesichts der thematischen Neuheit und der hohen Aktualität des Einsatzes von AI Humans im Marketing ist die wissenschaftliche Auseinandersetzung bislang noch begrenzt. Erst seit Kurzem lassen sich erste Praxisbeispiele beobachten. So verzichtete Dove im Jahr 2024 im Rahmen der Initiative *Keep Beauty Real* bewusst auf den Einsatz generativer KI und stellte echte, unverfälschte Schönheit in den Mittelpunkt der Kampagne (Unilever, 2024). Im gleichen Jahr kündigte Levi's hingegen an, künftig KI-generierte Models einzusetzen, um visuelle Diversität in der Produktkommunikation zu fördern (Levi Strauss & Co, 2023).

Auch wenn diese Entwicklungen noch nicht zum Branchenstandard gehören, rückt generative KI im Marketingdiskurs zunehmend in den Fokus. Parallel dazu wächst die Zahl wissenschaftlicher Studien, die auf die ethischen Risiken beim Einsatz KI-generierter Diversität in der Werbung hinweisen.

5.2 Aktuelle Forschung und Best Practices im Umgang mit KI-Diversität

In den vergangenen Jahren haben sich im Bereich der medialen Kommunikation vielfältige Ansätze entwickelt, um Diskriminierung zu vermeiden und gleichzeitig authentische Inhalte zu vermitteln. Eine dieser Praktiken ist das Sensitivity Reading (Struckmeyer, 2022). Dabei werden Texte, Filme oder gesprochene Inhalte auf verletzende oder missverständliche Darstellungen geprüft, ohne Themen zu verbieten oder zensieren zu wollen. Vielmehr geht es darum, Autoren dabei zu unterstützen, die passenden Worte für das zu finden, was sie tatsächlich ausdrücken möchten. Der Fokus liegt auf einem sensiblen Umgang mit Marginalisierung und Diskriminierung. Sensitivity Reader stammen meist selbst aus marginalisierten Gruppen und bringen sowohl ihre persönliche Perspektive als auch eine kritische Auseinandersetzung mit Literatur und gesellschaftlichen Diskursen ein. Aufgrund der unterschiedlichen Herkunft können die Bewertungen variieren. Daher ziehen manche Autoren verschiedene Sensitivity Reader heran, um ein möglichst breites Spektrum an Sichtweisen abzudecken (Deutscher Werberat, 2007). Auch im Bereich der Werbung existieren klare Richtlinien, unter anderem die des Deutschen Werberats. Die Richtlinien des Werberats sind allerdings nicht rechtlich bindend, sondern eine freiwillige Selbstverpflichtung. Werbung darf laut dem Werberat weder das Vertrauen der Verbraucher missbrauchen, noch mangelnde Erfahrung oder fehlendes Wissen ausnutzen. Besonders Kinder und Jugendliche dürfen durch Werbung weder körperlichen noch seelischen Schaden erleiden. Nicht erlaubt sind sowohl diskriminierende Darstellungen aufgrund persönlicher Merkmale wie Herkunft, Religion, Geschlecht, Alter, Behinderung oder sexueller Orientierung als auch die Darstellung von Menschen als bloße Sexualobjekte. Gewaltverherrlichung, das Schüren von Angst oder die Instrumentalisierung von Leid sind weitere Tabus. Der Deutsche Werberat orientiert sich bei der Bewertung von Werbeinhalten am Bild eines durchschnittlich informierten und verständigen Verbrauchers. Gleichzeitig berücksichtigt er die Tonalität und Themenvielfalt der Medien sowie die konkrete Rezeption durch das Publikum (Deutscher Werberat, o. D.). Dennoch bleibt offen, wie weit Werbung beim Einsatz von Provokation gehen darf und in welchem Maß Sensibilität dabei gewahrt werden muss.

Über freiwillige Selbstverpflichtungen hinaus rückt auch die wissenschaftliche Auseinandersetzung mit der Darstellung von Diversität durch KI-generierte Menschen in der Werbung zunehmend in den Fokus. So zeigen Sands et al. (2024), dass insbesondere unterrepräsentierte Konsumentengruppen durch den Einsatz vielfältig gestalteter, jedoch künstlich erzeugter Models Verunsicherung in Bezug auf die eigene Identität empfinden können. Weitere Studien betonen problematische Effekte wie soziale Identitätsbedrohung oder widersprüchliche Inklusionsbotschaften. Viele dieser Arbeiten bleiben jedoch auf eine konsumzentrierte Perspektive beschränkt und bieten Unternehmen kaum konkrete Handlungsempfehlungen. An dieser Stelle setzt die vorliegende Arbeit an: Sie entwickelt praxisorientierte Ansätze, wie Diversität mithilfe generativer KI authentisch und fair in der Markenkommunikation umgesetzt werden kann.

Daraus ergibt sich die zentrale Forschungsfrage dieser Arbeit: Wie kann Werbung KI-generierte Menschen so gestalten, dass Diversität glaubwürdig vermittelt und als gerecht wahrgenommen wird?

5.3 Studienergebnisse zu Repräsentation durch KI-generierte Menschen

5.3.1 Methodisches Vorgehen

Für die vorliegende Untersuchung wurden Gruppendiskussionen als qualitative Forschungsmethode gewählt. Diese Methode eignet sich besonders für explorative Forschungsvorhaben, bei denen Meinungen, Einstellungen und Erfahrungen im sozialen Austausch vertieft werden sollen (Kirchmair, 2022; Krell & Lamnek, 2024). Im Speziellen ermöglichen Gruppendiskussionen einen offenen Diskurs, in dem sich die Teilnehmer gegenseitig ergänzen, widersprechen oder anregen können. Dies führt zu besonders vielfältigen und authentischen Erkenntnissen (Krell & Lamnek, 2024).

Es wurden drei Gruppendiskussionen mit jeweils sechs bis acht Teilnehmern durchgeführt. Um ein möglichst breites Spektrum an Diversitätserfahrungen zu integrieren, orientiert sich die Zusammensetzung der Gruppen an der Charta der Vielfalt (Charta der Vielfalt e. V., o. D.) sowie dem Modell der „Four Layers of Diversity" nach Gardenswartz und Rowe (2010). Berücksichtigt werden dabei sowohl innere (z. B. Alter, Geschlecht, ethnische Zugehörigkeit), äußere (z. B. Bildung, soziale Herkunft), als auch funktionale und organisationale Diversitätsmerkmale (Gardenswartz & Rowe, 2010). Organisationale Diversitätsmerkmale wie zum Beispiel Dienstalter beziehen sich auf Unterschiede innerhalb der Unternehmensstruktur, etwa wie lange Mitarbeitende im Unternehmen tätig sind. Solche Merkmale ergänzen innere (z. B. Alter, Geschlecht) und äußere (z. B. Bildung, soziale Herkunft) Diversitätsmerkmale und fördern vielfältige

Perspektiven. Ein besonderes Augenmerk galt zudem weniger sichtbaren oder häufig marginalisierten Merkmalen wie Körperformen, Hautunreinheiten oder neurodiversen Perspektiven, um gängigen Schönheitsnormen und Stereotypisierungen entgegenzuwirken, da diese häufig auf diskriminierenden und angrenzenden Vorstellungen beruhen und gesellschaftliche Teilhabe beeinträchtigen (Fosch-Villaronga & Poulsen, 2022). Die Moderation erfolgte leitfadengestützt, wobei durch gezielte Impulsfragen ein reflexiver Austausch über Wahrnehmungen, Bedürfnisse und Erwartungen gegenüber KI-generierten Models in der Werbung angeregt wurde (Krell & Lamnek, 2024). Die Gruppengespräche wurden audiovisuell aufgezeichnet, anschließend transkribiert und im Rahmen einer qualitativen Inhaltsanalyse nach Mayring (2015) ausgewertet.

5.3.2 Diskussionsleitfaden

Die Entwicklung des Interviewleitfadens orientiert sich an den in Abschn. 4.1 beschriebenen Problemstellungen. Im Zentrum steht die Frage, wie KI-generierte Menschen in der Werbung gestaltet und eingesetzt werden können, um Diversität sensibel, authentisch und fair darzustellen.

Der Interviewleitfaden wurde daher mit dem Ziel entwickelt, den Teilnehmern einen Raum zu geben, in dem sie ihre Wahrnehmungen, Emotionen, Erfahrungen und Kritik offen äußern können. Um ein möglichst umfassendes Bild zu erhalten, fokussieren sich die Gesprächsimpulse auf fünf zentrale Themenfelder, die sich aus der Literatur und den zuvor beschriebenen Best Practices ableiten:

1. **Wahrnehmung von KI-generierten Menschen in Werbung**
   Aufbauend auf der Erkenntnis, dass KI-Repräsentationen häufig als künstlich und unecht empfunden werden, soll herausgefunden werden, ob und in welchen Fällen sich Teilnehmer durch solche Darstellungen angesprochen oder ausgeschlossen fühlen (Fosch-Villaronga & Poulsen, 2022; Lenk et al., 2024).
2. **Authentizität und Vertrauen**
   Wie „echt" wirkt KI-generierte Diversität für unterrepräsentierte Gruppen? Welche Erwartungen haben sie an authentische Repräsentation, und wo verlaufen für sie die Grenzen? (Sands et al., 2024; Fosch-Villaronga & Poulsen, 2022)
3. **Zugehörigkeit und Repräsentation**
   Da das Gefühl von Zugehörigkeit ein entscheidender Faktor für Werbewirkung ist, wird untersucht, wie KI-generierte Menschen dieses Zugehörigkeitsgefühl beeinflussen, positiv wie negativ (Lenk et al., 2024).

4. **Wahrnehmung der Markenintention**
   Ein zentrales Ergebnis aus Sands et al. (2024) war, dass Reaktionen auf KI-generierte Diversität stark davon abhängen, ob die dahinterstehende Motivation als aufrichtig oder rein profitorientiert wahrgenommen wird. Dieser Aspekt fließt gezielt in den Gesprächsleitfaden ein (Sands et al., 2024).
5. **Persönliche Erfahrungen mit Repräsentation oder Missrepräsentation**
   Die Teilnehmer werden eingeladen, konkrete Situationen zu schildern, in denen sie sich durch Werbung falsch oder gar nicht repräsentiert fühlten mit dem Ziel, daraus praxisnahe Anforderungen an KI-gestützte Kommunikation abzuleiten (Fosch-Villaronga & Poulsen, 2022).

Die Gesprächsstruktur dient dabei als lose Orientierung, nicht als strenges Interviewraster. Das Spannungsfeld zwischen technologischer Machbarkeit und sozialer Verantwortung steht im Zentrum dieser Gespräche ebenso wie die Frage, inwiefern KI in der Lage ist, mehr als visuelle Diversität darzustellen, etwa soziale Herkunft oder persönliche Lebensrealitäten (Fosch-Villaronga & Poulsen, 2022; Boinodiris, 2024).

Den Leitfaden komplettieren visuelle Werbeinhalte, die gezielt vielfältige AI Humans inszenieren. Als Beispiel dient unter anderem eine Kampagne von Levi's (2023), in der KI-generierte Models der digitalen Mode-Agentur Lalaland.ai zum Einsatz kommen (Lalaland.ai, o. D., siehe Abb. 5.1).

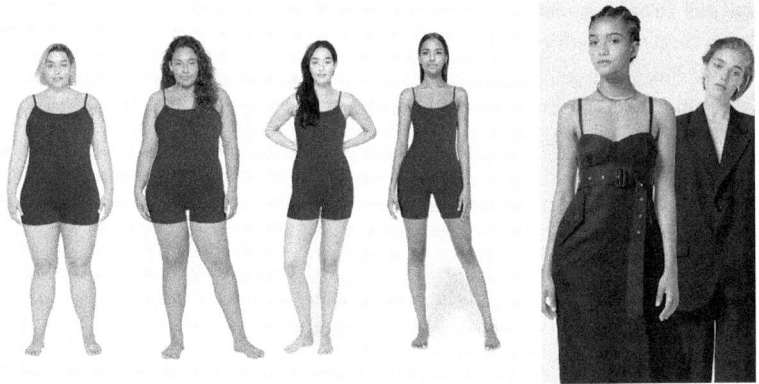

Abb. 5.1 Diverse KI-generierte Models des niederländischen digitalen Model-Studios Lalaland.ai (2023). Mit freundlicher Genehmigung von lalaland.ai (2025)

Ausgewählte Ausschnitte dieser Kampagne wurden den Teilnehmern präsentiert und im Anschluss unter verschiedenen Leitfragen diskutiert. Ziel war es, erste spontane Reaktionen, Emotionen und Einschätzungen zu erfassen und in einen offenen Austausch über Wahrnehmung und Wirkung von KI-generierter Diversität in der Werbung einzusteigen.

5.3.3 Qualitative Auswertung

Zur systematischen Auswertung der Gruppendiskussionen wurde die qualitative Inhaltsanalyse nach Mayring (2015) angewandt. Diese Methode erlaubt es, umfangreiche Textdaten theoretisch geleitet zu strukturieren und die inhaltliche Tiefe qualitativer Aussagen sichtbar zu machen. Ziel ist es, zentrale Themen und Muster aus den Aussagen der Teilnehmer herauszuarbeiten, um Rückschlüsse auf deren Einstellungen, Wahrnehmungen und Bedürfnisse im Kontext von KI-generierter Diversität zu ziehen.

Den Ausgangspunkt der vorliegenden Untersuchung bildete die Frage, wie KI-generierte Menschen in der Werbung eingesetzt werden können, um eine sensible, authentische und faire Darstellung von Diversität zu ermöglichen. Auf Basis dieser Fragestellung wurde entschieden, die Kategorienbildung induktiv vorzunehmen. Dazu dienten wiederkehrende Aussagen zur Bildung von folgenden sechs Oberkategorien: Repräsentation, Authentizität, Diversität, Einsatz von KI, ethische Aspekte und Handlungsempfehlungen. Diese wurden dann im Verlauf des Prozesses durch die jeweiligen Unterkategorien entsprechend ergänzt. Das gesamte Kategoriensystem ist in Abb. 5.2 dargestellt.

Auf Basis der gebildeten Kategorien und eines Kodierleitfadens wurde die Kodierung der Transkripte vorgenommen. Nach Abschluss der Kodierung wurde eine Reliabilitätsprüfung durchgeführt. Um die intersubjektive Nachvollziehbarkeit der Analyse zu gewährleisten, kodierte eine zweite und dritte Person einen Teil des Materials unabhängig. In der abschließenden Auswertung und Interpretation wurden die Häufigkeiten und Kontexte der einzelnen Kategorien ermittelt. Dabei ging es nicht nur um die reine Nennungshäufigkeit, sondern vor allem um die inhaltliche Einordnung im Hinblick auf die Forschungsfrage. Welche Themenbereiche wurden genannt? Welche Emotionen oder Bewertungen waren mit bestimmten Aspekten verbunden? Die daraus gewonnenen Erkenntnisse bilden die Grundlage für die im folgenden Abschnitt präsentierten Handlungsempfehlungen und Implikationen für das Marketingmanagement.

5.3 Studienergebnisse zu Repräsentation durch KI-generierte Menschen

Repräsentation		
Visuelle Repräsentation	Inhaltliche Repräsentation	Wertebezogene Repräsentation
Authentizität		
Natürlichkeit	Stereotypisierung	Idealisierung
Diversität		
Vielfalt		Glaubwürdigkeit
Einsatz von KI		
Wahrnehmung	Kennzeichnungspflicht	Auswirkungen
Ethische Aspekte		
Interessenskonflikte	Prompt-Verantwortung	Sensibilität
Handlungsempfehlungen			
Visualität	Natürlichkeit	Diversitätstiefe	Technik

Abb. 5.2 Kategoriensystem der qualitativen Analyse

5.3.4 Zentrale Ergebnisse

Im Folgenden werden die im Rahmen der Gruppendiskussion gewonnenen Ergebnisse erläutert und analysiert. Besonders deutlich wurde die Relevanz einer vielfältigen und realitätsnahen visuellen Repräsentation in Werbungen. Die Studienteilnehmer fühlten sich insbesondere dann stärker angesprochen, wenn unterschiedliche Hautfarben, Körperformen und weniger idealisierte bzw. nicht retuschierte Models gezeigt wurden. Auf inhaltlicher Ebene wurde die Relevanz von Lebenswelten und Werten betont, welche die Zielgruppe tatsächlich betreffen. Abgelehnt wurden von den Teilnehmern insbesondere überholte Darstellungen von Männlichkeit und Weiblichkeit, wie sie beispielsweise in der Werbung für Baumärkte oder Kosmetikprodukte vorkommen. Gesellschaftlich verantwortungsvolle Werbung sollte weiterhin Werte und Haltungen kommunizieren, die über äußere Merkmale hinaus Anknüpfungspunkte für Identifikation innerhalb der Zielgruppe bieten.

Ein weiteres zentrales Ergebnis ist, dass die Teilnehmer großen Wert auf Authentizität legten. Sie wünschten sich eine glaubwürdige Darstellung von Personen statt einer erzwungen wirkenden Form von Diversität. Durch die bewusste Auflösung stereotypischer Rollenbilder sollte eine differenzierte und lebensnahe Markenkommunikation gefördert werden, die heutigen gesellschaftlichen Realitäten besser entspricht.

Gleichzeitig zeigte sich eine deutliche Zurückhaltung gegenüber dem Einsatz Künstlicher Intelligenz in der Werbung. KI-generierte Inhalte wurden als unnatürlich und distanziert beschrieben. Interessanterweise wurde die KI-Herkunft in einigen Fällen zunächst nicht erkannt, was nach der Aufklärung häufig Irritationen auslöste. Sobald deutlich wurde, dass es sich um eine KI-generierte Darstellung handelte, sank die wahrgenommene Authentizität deutlich.

Im Hinblick auf ethische Dimensionen wurde von den Studienteilnehmern wiederholt kritisiert, dass soziale Themen in der Werbung mitunter überzeichnet dargestellt werden. Genannt wurde etwa die übertriebene Kombination mehrerer Minderheitenmerkmale in einer einzigen Person oder die Reproduktion klischeehafter Bilder. Es wird von Unternehmen und Werbetreibenden eine aktive, reflektierte Auseinandersetzung mit ihrer gesellschaftlichen Verantwortung erwartet. Diese Verantwortung reicht über die Beziehung zu Konsumenten hinaus. Es wurde betont, dass diese auch faire Arbeitsbedingungen, Diversität innerhalb der Branche sowie die gesellschaftliche Wirkung der kommunizierten Botschaften umfassen.

Insgesamt wurde eine Form der Werbung gewünscht, die nicht nur visuelle Vielfalt zeigt, sondern diese auch glaubwürdig vermittelt, relevante Werte transportiert und stereotype Darstellungen konsequent vermeidet. Auf Basis der herausgearbeiteten Ergebnisse lassen sich Handlungsempfehlungen ableiten, welche im nächsten Abschnitt genauer ausgeführt werden.

5.4 Handlungsempfehlungen und zentrale Ergebnisse zur Wahrnehmung KI-generierter Diversität

Nach der durchgeführten empirischen Untersuchung samt Ergebnisauswertung werden in diesem Abschnitt konkrete Vorschläge genauer ausgeführt, wie AI Humans verantwortungsvoll und diversitätssensibel von Unternehmen in der Werbung eingesetzt werden können.

Vielfalt glaubwürdig darstellen

Die Beteiligten der Diskussionen legten großen Wert auf eine realitätsnahe Repräsentation durch AI Humans, welche die Lebenswirklichkeiten unterschiedlicher

Gruppen abbildet. KI-Modelle wie GPT-5 greifen oft auf Datensätze zurück, die tendenziell normierende Stereotype enthalten. Diese Mechanismen müssen aktiv hinterfragt und bewusst korrigiert werden. Diversität darf sich nicht allein in der visuellen Darstellung erschöpfen – sie muss bereits in der Entwicklung von Inhalten aktiv mitgedacht werden: durch eine gezielte Auswahl von Trainingsdaten, die bewusste Steuerung der Generierung sowie das Einbinden vielfältiger Perspektiven in die kreative Konzeption.

Authentizität statt Inszenierung
Mit KI-generierten Inhalten droht eine Ästhetik der Glätte und Künstlichkeit. Viele Teilnehmer der Studie empfanden solche Inhalte als unnahbar oder unecht, besonders wenn sie im Nachhinein als KI-basiert enttarnt wurden. Die emotionale Distanz, die KI-generierte Bilder bei einem Großteil unserer Teilnehmer hervorriefen, widerspricht dem grundlegenden Ziel von Werbung, emotionale Nähe und Identifikation zu schaffen. Um dem entgegenzuwirken, sollten Unternehmen gezielt mit menschlichen Elementen arbeiten, die echte Lebenserfahrungen und Brüche transportieren, sei es durch reale Testimonials, dokumentarische Inhalte oder kollaborative Formate. KI kann kreatives Potenzial erweitern, darf aber nie als Ersatz für menschliche Erzählkraft verstanden werden. Besonders im Storytelling und in der Darstellung von Identität bleibt der Mensch das Maß aller Dinge, nicht aus nostalgischen, sondern aus ethisch-kommunikativen Gründen.

Werte sichtbar und glaubhaft machen
Wenn KI in der Werbung eingesetzt wird, erwarten Rezipienten nicht nur innovative Inhalte, sondern auch eine klare Haltung gegenüber Technologie, Ethik und Gesellschaft. Wer KI einsetzt, übernimmt Verantwortung. Nicht nur für das visuelle Ergebnis, sondern auch für die Prozesse dahinter. Die Studienteilnehmer machten deutlich: Marken, die Haltung zeigen, stärken ihre Glaubwürdigkeit. Doch diese Haltung muss sich auch im verantwortungsvollen Umgang mit KI zeigen. Werte wie Inklusion, Gerechtigkeit oder Nachhaltigkeit dürfen nicht als Fassade dienen, sondern müssen das Fundament der Markenkommunikation bilden. Wer KI als Werkzeug nutzt, muss definieren, welche ethischen Leitlinien dieses Werkzeug leiten.

Digitale Innovation mit Verantwortung steuern
Insbesondere weil KI eine enorme Gestaltungsmacht besitzt, braucht es klare Regeln für ihren Einsatz. Die Ergebnisse der Studie zeigen, dass nicht-gekennzeichnete KI-Inhalte dann Misstrauen hervorrufen, wenn Nutzer nachträglich erfahren, dass es sich um KI-generierte Inhalte handelt. Bereits subtil

wahrgenommene „Künstlichkeit" kann zudem zu Ablehnung führen. Transparenz wird damit zur Mindestanforderung für jede Form von KI-gestützter Kommunikation. Unternehmen sind gefordert, ihren Einsatz von Künstlicher Intelligenz offen und nachvollziehbar zu kommunizieren, um Vertrauen aufzubauen. Gleichzeitig sollten sie ethische Leitplanken für die Nutzung von KI entwickeln, die über reine Zweckmäßigkeit hinausgehen und gesellschaftliche Verantwortung mitdenken. Ein zentraler Aspekt ist zudem der bewusste Umgang mit den zugrunde liegenden Datenquellen: Diese dürfen nicht unkritisch übernommen werden, wenn sie gesellschaftliche Verzerrungen, Stereotype oder Ausschlüsse fortschreiben. Vielmehr bedarf es eines reflektierten und sorgfältigen Auswahlprozesses, um eine faire, inklusive und glaubwürdige Kommunikationspraxis zu gewährleisten. Ein kontrollierter Umgang mit Trainingsdaten sowie menschliche Nachbearbeitung und Bewertung der generierten Inhalte sind essenziell, um Glaubwürdigkeit zu wahren. Gerade weil KI systematisch mit großen Datenmengen operiert, braucht es bewusste Gegensteuerung gegen algorithmische Voreingenommenheit.

Werbung als Teil gesellschaftlicher Verantwortung verstehen
KI kann dabei helfen, Inhalte effizienter zu gestalten. Sie verstärkt aber auch jede Unachtsamkeit. Deshalb müssen ethische Kriterien nicht nachgelagert, sondern ein integrativer Bestandteil jeder Konzeption sein. Sprache, Bildauswahl und Themenwahl sollten gezielt auf gesellschaftliche Wirkung geprüft werden. KI darf dabei nie als Ausrede für unreflektierte oder vereinfachte Darstellung dienen, sondern muss im Gegenteil den Anspruch an Sorgfalt und Verantwortung erhöhen.

Zuhören, lernen, reflektieren
Mit der zunehmenden Implementierung Künstlicher Intelligenz in der Kommunikation gewinnt Feedback an Bedeutung und wird zu einem essenziellen Element für die Qualität und Wirksamkeit der Interaktion. Denn gerade dort, wo menschliche Erfahrung im Entstehungsprozess teilweise fehlt, braucht es umso stärkere Rückkopplungsschleifen mit der Zielgruppe. Das Einholen von Nutzerfeedback, die Einbindung von Communitys sowie Social-Listening-Tools sollten integraler Bestandteil von KI-Strategien sein. Nur so lässt sich sicherstellen, dass die Outputs nicht an den Erwartungen und Realitäten der Menschen vorbei produzieren. Unternehmen sollten Kritik nicht als Angriff, sondern als Möglichkeit der Korrektur verstehen, insbesondere bei einem so sensiblen Feld wie KI-gestützter Werbung.

Literatur

Barocas, S., Hardt, M., & Narayanan, A. (2023). *Fairness and machine learning: Limitations and opportunities*. MIT Press.

Boinodiris, P. (2024, 21 August). AI diversity importance. IBM.com. https://www.ibm.com/think/insights/ai-diversity-importance.

Charta der Vielfalt e. V. (o. D.). *Charta der Vielfalt* [Webseite]. https://www.charta-der-vielfalt.de/.

Dell', F., Saran, A., Mcfowland, R., Krayer, L., Mollick, E., Candelon, F., Lifshitz-Assaf, H., Lakhani, K., & Kellogg, K. (2023). Navigating the jagged technological frontier: Field experimental evidence of the effects of AI on knowledge worker productivity and quality. https://www.hbs.edu/ris/Publication%20Files/24-013_d9b45b68-9e74-42d6-a1c6-c72fb70c7282.pdf.

Dethmann, T., & Spiekermann, J. (2024). Ethischer Umgang mit Trainingsdaten: Für Fairness und Datenschutz in KI-Systemen. Lamarr Institute for Machine Learning and Artificial Intelligence. https://lamarr-institute.org/de/blog/ki-trainingsdaten-bias/.

Deutscher Werberat. (2007, Oktober). *Grundregeln zur kommerziellen Kommunikation* [PDF-Dokument]. Deutscher Werberat. https://werberat.de/wp-content/uploads/2023/05/grundregeln_zur_kommerziellen_kommunikation_des_deutschen_werberats_dt._engl-1.pdf.

Deutscher Werberat. (o. D.). *Aufgaben und Ziele* [Webseite]. https://werberat.de/aufgaben-und-ziele/.

Fosch-Villaronga, E., & Poulsen, A. (2022). Diversity and inclusion in artificial intelligence. In B. Custers & E. Fosch-Villaronga (Hrsg.), *Information Technology and Law Series* (Bd. 35, S. 109–134). Springer. https://doi.org/10.1007/978-94-6265-523-2_6.

Fraunhofer-Institut für Kognitive Systeme IKS. (o. D.). *Künstliche Intelligenz (KI) und maschinelles Lernen*[Webseite]. https://www.unifrankfurt.de/91843300/LAKOF_Handreichung_Gendergerechte_und_diversita_tssensible_Fu_hrungskultur.pdf.

Gardenswartz, L., & Rowe, A. (2010). *Managing Diversity: A Complete Desk Reference and Planning Guide* (3rd ed.). Society for Human Resource Management.

Glickman, M., & Sharot, T. (2024). AI-induced hyper-learning in humans. *Current Opinion in Psychology, 60*, 101900. https://doi.org/10.1016/j.copsyc.2024.101900.

Glickman, M., & Sharot, T. (2022, November 15) *Biased AI systems produce biased humans* (Preprint). OSF Preprints. https://doi.org/10.31219/osf.io/c4e7r.

Kirchmair, R. (2022). *Qualitative Forschungsmethoden: Anwendungsorientiert – vom Insider aus der Marktforschung lernen*. Springer.

Krell, C., & Lamnek, S. (2024). *Qualitative Sozialforschung* (7. Aufl.). Beltz.

Lalaland.ai. (o. D.). *Lalaland.ai – AI-powered digital model studio* [Webseite]. https://www.lalaland.ai/.

Landeskonferenz hessischer Gleichstellungsbeauftragter (LaKoF Hessen). (2020). *Gendergerechte und diversitätssensible Führungskultur: Eine Handreichung für Führungskräfte und Hochschulleitungen*[PDF-Dokument]. LaKoF Hessen. https://www.uni-frankfurt.de/91843300/LAKOF_Handreichung_Gendergerechte_und_diversita_tssensible_Fu_hrungskultur.pdf.

Lenk, J. D. Hartmann, J., & Sattler, H. (2024). White Americans' preference for Black people in advertising has increased in the past 66 y: A meta-analysis. *Proceedings of the National Academy of Sciences of the United States of America, 121*(9). https://doi.org/10.1073/pnas.2307505121.

Levi Strauss & Co. (2023, 22 März). *LS&Co. partners with Lalaland.ai* [Pressemitteilung]. https://www.levistrauss.com/2023/03/22/lsco-partners-with-lalaland-ai/.

Mayring, P. (2015). *Qualitative Inhaltsanalyse: Grundlagen und Techniken* (12. Aufl.). Beltz.

Numerator. (2023, Oktober 30). *63% of consumers say diverse representation in advertising is important; 47% likely to buy from brands that feature diversity.* Numerator. https://www.numerator.com/press/63-consumers-say-diverse-representation-advertising-important-47-likely-buy-brands-feature.

O'Neil, C. (2016). *Weapons of math destruction: How big data increases inequality and threatens democracy.* Penguin Books.

Sands, S., Campbell, C., Ferraro, C., Demsar, V., Rosengren, S., & Farrell, J. (2024). Principles for advertising responsibly using generative AI. *Organizational Dynamics, 53*(2), 101042. https://doi.org/10.1016/j.orgdyn.2024.101042.

Shore, L. M., Randel, A. E., Chung, B. G., Dean, M. A., Holcombe Ehrhart, K., & Singh, G. (2010). Inclusion and diversity in work groups: A review and model for future research. *Journal of Management, 37*(4), 1262–1289. https://doi.org/10.1177/0149206310385943.

Struckmeyer, K. (2022). Stichwort: Sensitivity Reading. *merz | medien + erziehung, 66*(2), 4.

Terstiege, M. (2021). *KI in Marketing & Sales – Erfolgsmodelle aus Forschung und Praxis. In Springer eBooks.* Springer Nature. https://doi.org/10.1007/978-3-658-31519-1.

Terstiege, M., Alexander, T., Cinar, M., & Pleißner, B. (2021). Marketer-Experteninterviews zum Einfluss von KI. KI in Marketing & Sales – Erfolgsmodelle Aus Forschung Und Praxis, 17–42. https://doi.org/10.1007/978-3-658-31519-1_2.

Terstiege, M., Alexander, T., Cinar, M., & Pleißner, B. (2021). Marketer-Experteninterviews zum Einfluss von KI. In M. Terstiege (Hrsg.), *KI in Marketing & Sales: Erfolgsmodelle aus Forschung und Praxis.* Springer Gabler. https://doi.org/10.1007/978-3-658-31519-1_2.

Unilever. (2024, 23. April). *20 years on: Dove and the future of Real Beauty* [Webseite]. https://www.unilever.com/news/news-search/2024/20-years-on-dove-and-the-future-of-real-beauty/.

Ausblick 6

Die Integration von AI Humans in die Markenkommunikation ist weder ein kurzfristiger Trend noch eine rein technische Neuerung. Sie verändert Prozesse der Content-Produktion, Markeninszenierung und Zielgruppenansprache und erfordert Kommunikationsstrategien, die Akzeptanz fördern, Transparenz sichern und ethische Grenzen wahren.

- **Akzeptanz braucht Kontext**
  KI-generierte Menschen werden von Konsumenten akzeptiert, wenn bestimmte Voraussetzungen erfüllt sind. Entscheidend ist nicht allein der technische Realismus, sondern die stimmige Einbettung in das Markenbild. Je konsistenter Bildsprache, Tonalität und Zielgruppenansprache aufeinander abgestimmt sind, desto eher werden KI-generierte Personen als glaubwürdig wahrgenommen.
- **Emotion braucht keine echten Gesichter**
  KI-generierte Menschen können emotionale Wirkung entfalten, wenn sie stimmig inszeniert sind. Vertraute Bildwelten, konsistente Markenbotschaften und eine glaubwürdige visuelle Sprache sind dabei entscheidend. Nicht die Echtheit der dargestellten Person, sondern die Passung zur Markenidentität bestimmt, ob emotionale Bindung entsteht und langfristig erhalten bleibt.
- **Transparenz stärkt Vertrauen**
  Der Hinweis auf KI-generierte Inhalte hat keine nachweisbare negative Wirkung. Im Gegenteil: Wenn der Einsatz offen kommuniziert wird und zur Markenstrategie passt, kann Transparenz das Vertrauen in die Marke stärken. In einer zunehmend technisierten Kommunikationslandschaft wird Offenheit über die Herkunft visueller Inhalte zum Zeichen für Glaubwürdigkeit und Authentizität.

- **Ethische Verantwortung braucht klare Leitlinien**
  Der Einsatz von KI-generierten Personen stellt Marken vor ethische Fragen, insbesondere bei der Darstellung von Diversität und gesellschaftlicher Repräsentation. In sensiblen Kontexten reicht die visuelle Perfektion nicht aus. Entscheidend ist, ob die gewählten Darstellungen glaubwürdig wirken und den Werten der Marke entsprechen. Unternehmen, die KI-generierte Menschen verwenden, müssen dafür verbindliche Maßstäbe entwickeln und zeigen, wie sie technologische Möglichkeiten verantwortungsvoll nutzen.

Die technologische Entwicklung schreitet rasant voran. KI-generierte Menschen werden künftig nicht nur realistischer, sondern auch interaktiver, kontextsensibler und vielseitiger einsetzbar sein. Gleichzeitig wachsen Medienkompetenz und Skepsis aufseiten der Konsumenten: Der Umgang mit KI wird selbstverständlicher, aber auch kritischer.

Die Markenkommunikation steht damit an einem Wendepunkt. Der Einsatz von AI Humans erfordert mehr als technisches Know-how. Strategische Klarheit, gestalterische Sorgfalt und ethisches Urteilsvermögen werden zu entscheidenden Voraussetzungen. Wer diese Dimensionen zusammenführt, kann AI Humans nicht nur effizient einsetzen, sondern langfristig als Teil eines glaubwürdigen und zukunftsfähigen Markenauftritts etablieren.

Was Sie aus diesem *essential* mitnehmen können

- **Akzeptanz entsteht durch konsistente Markeninszenierung:** KI-generierte Menschen werden eher akzeptiert, wenn sie stimmig in Markenbild, Bildsprache und Zielgruppenansprache eingebettet sind, denn dies vermittelt Kohärenz und Verlässlichkeit.
- **Emotionale Wirkung durch visuelle Glaubwürdigkeit:** Eine emotionale Bindung entsteht, wenn KI-generierte Charaktere in vertraute Bildwelten und konsistente Markenbotschaften integriert werden, wodurch sie Nähe und Authentizität erzeugen können.
- **Transparente Kommunikation schafft Vertrauen:** Die offene Kennzeichnung von KI-Inhalten fördert Vertrauen und kann gezielt zur Markenstrategie beitragen, insbesondere in sensiblen Anwendungsfeldern.
- **Ethische Leitlinien sichern gesellschaftliche Glaubwürdigkeit:** Der reflektierte Umgang mit Vielfalt, Verantwortung und Inklusion stärkt nicht nur das Markenimage, sondern auch die gesellschaftliche Akzeptanz.
- **Zukunftsorientierte Markenführung erfordert neue Kompetenzen:** Der erfolgreiche Einsatz von KI-generierten Menschen verlangt interdisziplinäres Wissen an der Schnittstelle von Technologie, Psychologie und Kommunikation.

GPSR Compliance
The European Union's (EU) General Product Safety Regulation (GPSR) is a set of rules that requires consumer products to be safe and our obligations to ensure this.

If you have any concerns about our products, you can contact us on

ProductSafety@springernature.com

In case Publisher is established outside the EU, the EU authorized representative is:

Springer Nature Customer Service Center GmbH
Europaplatz 3
69115 Heidelberg, Germany

www.ingramcontent.com/pod-product-compliance
Ingram Content Group UK Ltd.
Pitfield, Milton Keynes, MK11 3LW, UK
UKHW022236230426

12048UKWH00018BA/1283